Was Weingenießer wissen wollen

Hans-Georg Dörr · Prof. Dr. Karl Röder · Frank John

# Was Weingenießer wissen wollen

FALKEN
Taschenbuch

Im FALKEN Verlag sind zahlreiche Titel zum Thema „Essen und Trinken“ erschienen. Sie sind überall erhältlich, wo es Bücher gibt.

Sie finden uns auch im Internet: **www.falken.de**

Der Text dieses Buches entspricht den Regeln
der neuen deutschen Rechtschreibung.

Dieses Buch wurde auf chlorfrei
gebleichtem und säurefreiem Papier gedruckt.

Originalausgabe
ISBN 3 635 60458 5



**Umschlaggestaltung:** Zembsch' Werkstatt, München
**Gestaltung:** Beate Müller-Behrens
**Redaktion:** Falk Steins, Barbara Fleig
**Titelbild:** Image Bank, München (Will Crocker)
**Satz:** Competext, Heidenrod
**Druck:** Freiburger Graphische Betriebe GmbH, Freiburg



817 2635 4453 62

# Inhalt

# *Vorwort*

Liebe Leser,

es sind in der Weite der Wein-Welt immer dieselben Fragen, die Weinfreunde beantwortet haben wollen. Über Jahre wurden sie gesammelt und durch solche, die von Sorgen um unsere Gesundheit und die Gesundheit unserer Umwelt diskutiert sind, komplettiert. So entstand dieses Büchlein. Aus den mit Weinwissen gefüllten Schubladen dreier Fachleute wurde das Wichtigste zusammengestellt:
Hans-Georg Dörr, geboren 1945 in Bad Mergentheim. Ausbildung und Studium zum Hotelfachmann. 1970 bis 1979 Referent und Schulungsleiter beim Deutschen Weininstitut Mainz, dann Bildungsleiter in einem weltweit agierenden Weinhandelsunternehmen. Seit 1986 selbstständiger Seminar- und Trainingsleiter, Autor und Publizist. Präsident des Ingelheimer Weinkollegiums e.V.
Dr. Karl Röder, geboren 1911 in Bonn, gestorben 1993 in Bad Kreuznach. Dreijährige praktische Ausbildung und Studium. Direktor der Landes-Lehr- und Versuchsanstalt für Weinbau, Gartenbau und Landwirtschaft – mit Staatsweingut – in Bad Kreuznach. Lehrauftrag, seit 1973 Honorarprofessor an der Universität Bonn. 1965 bis 1977 weinfachliche Leitung der DLG-Bundesweinprämierung.
Frank John, geboren 1960 in Leverkusen. Nach dem Studium (Mikrobiologie und Agrarwissenschaften) vielfältige Tätigkeiten in Spitzenweingütern der Welt. Seit 1989 als technischer Leiter in namhaften Weingütern Deutschlands tätig. Freiberuflicher Fachberater für den ökologischen Weinbau.

# Weinbau

## Wo auf der Erde wächst der beste Wein?

Auf den etwa acht Millionen Hektar Rebfläche der Erde wachsen neben einfachen Konsumweinen viele gute und sehr gute Weine. Wenn Sie Weinbauern irgendwo, ob auf Kreta oder in Burgund oder in Franken, Ihre Frage nach dem besten Wein vorlegen, werden sie Ihnen wahrscheinlich die Weine ihrer Heimat nennen. Die Antwort entspricht ehrlicher Überzeugung. Hätten die Befragten Gelegenheit auf Reisen andere Weinlandschaften und deren Weine kennen zu lernen, so kämen sie wahrscheinlich mit der Meinung nach Hause, dass die Weine anderer Landschaften zwar gut, der Wein ihrer Heimat jedoch besser sei. Man schätzt besonders diejenigen Weine, an die man seit vielen Jahren gewöhnt ist. Wer mehr Überblick hat und sich um ein objektives Urteil bemüht, kann sehr wohl sagen, wo es besonders gute Weine gibt. Nach dem, was ich in vielen Jahren „erfahren" habe, ist meine Meinung, dass zu den größten *Rotweinen* der Erde französische aus dem Gebiet um Bordeaux und aus Burgund zu rechnen sind und auch italienische, zum Beispiel aus Piemont, und bestimmte Weine der Toskana. Zu den größten *Weißweinen* rechne ich wieder einige französische, aber ganz sicher auch deutsche, wobei viele zunächst an Mosel und Rheingau denken. Doch möchte ich mit den Weinfreunden, die ihre besten Weine anderswo, sei es in den Teilen der genannten Länder oder in Österreich, Spanien, Südafrika, in den USA, in Chile oder Australien und Neuseeland oder gar Russland gefunden haben, nicht streiten. Aus ihrem Erfahrungsbereich mag ihre Ansicht begründet und richtig sein. Es besteht kein Grund ihnen die Freude an ihren Weinen zu nehmen. Natürlich gibt es für denjenigen, der sich intensiv mit der reizvollen Materie befasst, in der Weinbeurteilung gewisse absolute Maßstäbe. Ohne sie wären zum Beispiel nationale und internationale Weinwettbewerbe nicht möglich. Ich könnte, nachdem ich viele Jahre lang aktiv an DLG-Bundesweinprämierungen teilgenommen habe, nicht einmal sagen, wo in Deutschland mit Sicherheit die besten Weine wachsen. Es ist unmöglich die individuellen Auffassungen in ein Schema angeblich unbestechlicher Objektivität zu pressen. Ich bin dankbar, dass in jedem Jahr neue Weine wachsen und heranreifen. Ich freue mich an der Vielfalt der Natur, die eine so unübersehbare Zahl von Varianten hervorbringt, jede für sich bewundernswert in ihrer Geschmacksausprägung.

## Weshalb wird in manchen Ländern mehr Rotwein, in den anderen mehr Weißwein erzeugt?

Der größte Teil der Weltrebfläche liegt in warmen und heißen Klimazonen. Dort sind die Bedingungen zur Erzeugung von Rotwein besonders günstig. Hohe Temperaturen führen zu alkoholbetonten Weinen, und ein relativ hoher Alkoholgehalt steht Rotweinen meist besser als Weißweinen. Rotweine mit 12 bis 14 Vol.-% Alkohol, wie sie im Süden auf ganz natürliche Weise gewonnen werden, können, obwohl schwer, doch rund und ansprechend wirken. Alkoholbetonte Weißweine aus heißen Zonen sind dagegen meist arm an geschmacklichen Feinheiten, an den „Finessen", die wir so lieben und schätzen. Es fehlt ihnen an der frisch-fruchtigen natürlichen Säure und damit nach unseren Begriffen an Harmonie. Da solche säurearmen Weißweine aus sonnenreifen Klimazonen als Durstlöscher und erst recht für den Genuss weit weniger geeignet sind als die Rotweine der jeweiligen Region, verschneidet man sie nicht selten mit Rotweinen, die dadurch nicht weniger interessant sind. Beispiele dafür sind die spanischen La-Mancha-Weine, aber auch der beliebte Chianti aus der Toskana. Andere Weißweine warmer Klimazonen werden durch geschickte Behandlung und Ergänzung zu interessanten und beliebten Spezialitäten weiterverarbeitet, wie der Sherry in Südspanien. Wie sehr sich das Klima auf die Art der Weine auswirkt, ist daraus zu ersehen, dass im Elsass zu 99 Prozent Weißwein erzeugt wird, in Deutschland zu 80 Prozent und in der Schweiz zu 52 Prozent. Dagegen beträgt die Produktion von Weißwein in Frankreich nur etwa 22 Prozent.
Ein Trend geht heute ganz allgemein zu leichteren, anregenden und nicht beschwerenden Weinen. Wer mit offenen Augen in Südeuropa, zum Beispiel in Sizilien, Weinbauregionen besucht, wird feststellen, dass Weinerzeuger

sich selbst dort bemühen leichtere Weine zu erzeugen. Das kann dadurch geschehen, dass man die Rebe nicht mehr unmittelbar auf der heißen Erde, sondern an einem höheren Drahtrahmen wachsen lässt und dass man Trauben nicht bei Vollreife, sondern zu einem etwas früheren Zeitpunkt erntet. Man vergärt den Most gern in gekühlten Behältern bei gezügelten Temperaturen.

## *Wäre es nicht besser, es würde nur noch in den wärmeren Zonen der Erde Weinbau betrieben? Wir bekämen dann in jedem Jahr den gleich guten und preiswerten Wein.*

Erfahrene Weinfreunde zeichnen sich dadurch aus, dass sie die Vielfalt der in jedem Jahre anders gewachsenen Weine mit ihrer naturbedingten geschmacklichen Ausprägung lieben. Deshalb ist der Wein ihr bevorzugtes Getränk. Sie haben erkannt, dass in den unterschiedlichen natürlichen Bedingungen des Wachstums der Schlüssel zum Verständnis vieler reizvoller regionaler Besonderheiten liegt. Schauen Sie nur auf die Klimakarte von Europa. Die Weinbauern Siziliens zum Beispiel erzeugen bei einer Jahres-Durchschnittstemperatur von 17,5 Grad Celsius in heißen und trockenen Sommermonaten relativ runde, in der Säure verhaltene Rotweine mit einem Alkoholgehalt bis zu 14 Vol.-% Das sind meist schwere und oft gravitätische Spezialitäten.

Am anderen Ende der Skala, an der nördlichen Grenze des europäischen Weinbaus, 1 500 Kilometer etwa entfernt, ist der Wein vom Rhein und seinen Nebenflüssen von ganz anderer Art. 9 bis 10 Grad Celsius Jahres-Durchschnittstemperatur, mäßige Wärme im Sommer und Herbst und der für die Rebe günstige, meist reichliche Sommerregen ergeben leichte, frische und herzhafte Weine mit nur 9 bis 11 Vol.-% Alkohol, die nicht beschweren, sondern anregen und beschwingen. Ihr Merkmal ist die feine Fruchtnote und die natürliche, pikante Säure. Hier, am nördlichen Rand der Weinbauzone, wo der Winzer manchmal bangt, dass die Herbstsonne seine Trauben noch zur Vollreife bringt, schmeckt man den Witterungsablauf eines jeden Jahres durch. Zwischen diesen beiden Endpunkten, zwischen Sizilien und dem Moseltal, liegt ein weiter Weg, viel Platz für Weinspezialitäten unterschiedlicher Art, die ihre anspruchsvollen Freunde und begeisterten Anhänger haben. Sie sollten sich, verehrter Fragesteller, dieses vielfältige, Lebensfreude schenkende Angebot nicht entgehen lassen. Sie werden feststellen: Je mehr Sie Weinkenner werden, umso mehr Freude haben Sie an der naturbedingten Vielfalt der Weine.

## *Ist es nicht anmaßend, wenn man in manchen Weinbauländern – so auch in Deutschland – behauptet, man erzeuge einzigartige Weinspezialitäten?*

Ohne Zweifel gibt es Weinbauregionen, in denen durch das Zusammenspiel verschiedener Faktoren (Klima, Böden, Rebsorten) Weine gewonnen werden, die unter Kennern mit Recht als beglückende Spezialitäten und ganz besondere Geschenke der Natur bewundert werden. Als Beispiel von vielen mögen die Weißweine vom Rhein und seinen Nebenflüssen gelten. Da liegen in windgeschützten Tälern auf sonnigen Hängen die besten Lagen. Die Hanglagen fördern die direkte Sonneneinstrahlung, die meist steinigen Böden halten die Wärme. Und das Wasser spiegelt die Sonne. Dass daraus aber hervorragende Weine werden, dazu müssen die Menschen eines solchen Landstrichs viel Fleiß sowie überdurchschnittliches Können und Qualitätsbewusstsein einbringen. Was freilich die Natur bietet, kann letztendlich aber keine auch noch so fortschrittliche Anbau- und Kellertechnik ersetzen.

## *Dürfen die Winzer Reben pflanzen, wo sie wollen? Und welche sie wollen?*

Durch strenge Anbauvorschriften soll gesichert werden, dass ausdrucksstarke Erzeugnisse, die typisch sind für Landschaft, Boden und Rebsorte, gewonnen werden und keine einfältigen „Allerweltsweine".
Nach dem deutschen Weinwirtschaftsgesetz von 1961 und seiner verschärften Fassung von 1980 ist jede Rebenanpflanzung (die über 100 Quadratmeter hinausgeht) genehmigungspflichtig. Die behördliche Zustimmung ist

an eine Reihe von Bedingungen geknüpft. Vor allem müssen bestimmte Klimawertzahlen erreicht werden und im zehnjährigen Durchschnitt ein bestimmtes Mindestmostgewicht. Hinzu kommt, dass es für jedes Weinbaugebiet eine Liste ganz bestimmter „klassifizierter", das heißt zugelassener Rebsorten gibt. Diese Regelung oder ähnliche gibt es auch bei anderen klassischen Weinbaunationen.

## Wäre es für unsere Umwelt und das ökologische Gleichgewicht besser, wenn der Weinbau wieder als Mischkultur und nicht als Monokultur betrieben würde? (Ökologische Aspekte)

Sie haben vielleicht, liebe Leser, das berühmte Bild „Weinlese bei Sorrent" von Philipp Hackert vor Augen, auf dem er um 1780 darstellte, wie Weinreben an den Baumstämmen emporrankten und girlandenartig von Baum zu Baum wuchsen. Geerntet wurden die Trauben damals mit einer Leiter, wie man heute Kirschen oder Äpfel vom Baum pflückt. Tatsächlich gab es vor wenigen Jahrzehnten in Italien noch ausgedehnte Mischkulturen, wo die Rebzeilen oft 30 Meter voneinander entfernt standen und dazwischen Feldfrüchte – meist Getreide – angebaut wurden.
Solche Mischkulturen sind inzwischen überall durch intensiv betriebene Rebanlagen ersetzt worden. Einziger Grund für diese Umstellung ist die Notwendigkeit rationeller Bewirtschaftung um konkurrenzfähig produzieren und anbieten zu können. Steht eine Rückkehr heute auch nicht mehr zur Diskussion, so wird doch in der weinbaulichen Praxis seit Jahren viel getan um die Rebkulturen biologisch in Ordnung zu halten und das gestörte ökologische Gleichgewicht zu pflegen.
Um die Nachteile einer Monokultur zu mindern werden seit einigen Jahren Gründüngungspflanzen – ein den jeweiligen Klima- und Bodenverhältnissen angepasstes Pflanzengemisch – zwischen den Rebzeilen ausgesät und Aufwuchs wie Wurzelmasse später in den Boden eingearbeitet. Dass da, wo es technisch machbar ist, das beim Rebschnitt anfallende Holz zerkleinert und dem Boden wieder zugeführt wird und dass man die Pressrückstände der Trauben, die Trester, zur Bodenverbesserung verwendet, sei nur am Rande erwähnt.

## *Weshalb gibt es so viele Rebsorten? Würden nicht wenige Sorten vollauf genügen?*

Mehr als 5 000 Rebsorten soll es auf der Erde geben. Im Verhältnis dazu ist es eine verschwindend kleine Zahl von Rebsorten, die zum Anbau in den deutschen Weinbaugebieten zugelassen und empfohlen ist.

Neben den „klassischen" Sorten wie Riesling und Silvaner haben neue Rebsorten – trotz gelegentlicher Fehlschläge – an den Erfolgen der Weinwirtschaft hervorragenden Anteil. „Neuzüchtungen" nennt sie der Fachmann. Sie kommen aus den staatlichen deutschen Rebzuchtanstalten und tragen oft die Namen ihrer Väter, heißen sie nun Müller-Thurgau nach einem aus der Schweiz kommenden Dr. Müller, Scheurebe nach Georg Scheu oder Morio-Muskat in Erinnerung an Peter Morio, der in der Pfalz tätig war.

Die älteste und erfolgreichste dieser Rebsorten, die Müller-Thurgau, die in der Schweiz „wegen ihrer Herkunft" Riesling × Silvaner genannt wird (1994 wurde allerdings im Institut für Rebenzüchtung Geilweilerhof in Siebeldingen festgestellt, dass dies falsch ist und der Riesling mit dem Gutedel gekreuzt wurde), ist über 100 Jahre alt und damit gar nicht mehr so neu.

Meist ist mit der Neuzüchtung ein ganz bestimmter Zweck verbunden. Zum Beispiel die Frühreife um in Jahren mit weniger günstiger Witterung die Qualitätseinbußen in Grenzen zu halten oder die Resistenz gegen bestimmte Krankheiten und Schädlinge um manche Rebschutzmaßnahmen überflüssig zu machen. Auch um bestimmte geschmackliche Nuancen geht es. Es dauert 30 Jahre oder noch länger, bis eine Neuzüchtung nach eingehender amtlicher Prüfung für den Anbau freigegeben wird.

Die wichtigsten deutschen Rebsorten lassen sich sinnvoll in nur vier Gruppen einteilen, wie Sie der tabellarischen Aufstellung auf der folgenden Seite entnehmen können. Wenn Sie sich nun noch den Gutedel mit nur 1,2 Prozent Flächenanteil merken, der im badischen Markgräflerland leichte Weißweine liefert, und die württembergischen Rotweinreben Müllerrebe (auch Schwarzriesling) und Lemberger, die, wenn sie nicht zum Verschnitt mit dem Trollinger dienen, passable Rotweine ergeben, dann dürften Sie eine ausreichende Übersicht haben.

Neuzüchtungen oder klassische Rebsorten – das Diskussionsthema ist ein Dauerbrenner unter Weinproduzenten und Weinliebhabern. Dabei ist fest-

| Rebsorte | Anteil an der Gesamtrebfläche in % |
|---|---|
| Rieslingartige Weine | |
| *Riesling:* Rassige bis stahlige Weine, reich an geschmacklichen Feinheiten | 22,0 |
| *Kerner:* An Riesling erinnernde Weine | 7,1 |
| Silvaner- oder Müller-Thurgau-Art | |
| *Müller-Thurgau (Rivaner):* Milde, ansprechende Weine, feinblumig | 21,7 |
| *Silvaner:* Weitgehend neutrale Weine, bei guter Reife saftig, ansprechend, oft vollmundig | 7,1 |
| *Grauburgunder/Ruländer:* Meist aus Baden. Als Grauburgunder trockene, als Ruländer goldgelbe, wuchtige, vollmundige Weine | 2,4 |
| Rebsorten mit Bukettcharakter | |
| *Scheurebe:* Meist bukettbetont, oft Duft und Geschmack nach schwarzen Johannisbeeren. Rassige, dem Riesling ähnliche Säure | 3,3 |
| *Bacchus:* Harmonische Weine mit leichter Fruchtnote | 3,3 |
| *Weißburgunder:* Mit zartem Duft und angenehmer Säure | 2,0 |
| Rotwein-Rebsorten | |
| *Blauer Spätburgunder:* Französische Erfolgsrebe (Pinot noir). Volle, feinfruchtige Weine, samtig, edelherb | 7,1 |
| *Blauer Portugieser:* Angenehme frische Tafelweine, in guten Jahren gehaltvoll | 4,3 |
| *Trollinger:* Württemberger Spezialität. Herzhaft und lebhafte Säure | 2,4 |
| *Dornfelder:* Dunkelrote, schwere Rotweine, feine Gerbstoffe | 2,0 |

zustellen, dass die klassischen Rebsorten, an ihrer Spitze der Riesling, verlorenes Terrain zurückerobern. Was allerdings nicht heißen soll, dass wir künftig auf Neuzüchtungen verzichten wollen oder können. Schließlich ist die bei uns weitestverbreitete Rebsorte – Müller-Thurgau – eine relativ doch junge Rebe. Die Ökologie fordert dabei als Wichtigstes interspezifische (pilztolerante) Rebsorten.
Auch der heutige Trend alte, traditionelle Rebsorten aus Frankreich nach Deutschland zu holen darf nicht unerwähnt bleiben. So finden wir heute Weine aus den Rebsorten Chardonnay, Merlot oder gar Cabernet Sauvignon in Deutschland gewachsen.

## Ist der Riesling die edelste Rebe?

Ohne Zweifel gehört der Riesling zu den edelsten weißen Rebsorten und aus deutscher Sicht ist es sicherlich richtig die Rieslingrebe als die Königin der Weißweinreben zu bezeichnen.
Der Anbau des Weißen Rieslings am Rhein ist bereits im 15. Jahrhundert belegt. Seine Weine zeigen vortrefflich die besonderen Eigenschaften der klima-, boden- und rebsortenbedingten Spezialität „Deutscher Wein", wie sie in aller Welt hoch geachtet ist und viele Freunde gefunden hat: herzhafte, rassige Weine, die reich an geschmacklichen Feinheiten sind und in guten Jahren von einer nicht zu übertreffenden Frische und Harmonie. Die feine Säure bewirkt, dass Rieslingweine für längere Lagerung geeignet sind. Doch ist heute das bekannte Lied „Der Wein muss alt ..." mehr als Kann-Bestimmung anzusehen. Rieslingweine sind vom frischen Schoppen bis zur Trockenbeerenauslese für jeden Anlass geeignet.
Bei kritischen Freunden des Weins erfreut sich der Riesling steigender Beliebtheit, insbesondere dort, wo man den kultivierten Weingenuss zum Essen pflegt.
Der Riesling – den man draußen in der Welt auch oft Rheinriesling nennt – ist international geschätzt. Das führte dazu, dass andere Rebsorten, die gar nichts mit ihm zu tun haben, immer wieder entweder direkt als Riesling bezeichnet oder mit einem Namen versehen wurden, der zumindest an den Riesling erinnert und verkaufsfördernde Assoziationen auslöst.

## *Gibt es keine widerstandsfähigen Rebsorten, denen Krankheiten und Schädlinge nichts anhaben können?*

Es gibt in Deutschland wie in anderen Weinbauländern eine leistungsfähige Rebenzüchtung. Der Weinbau verdankt ihr interessante Neuzüchtungen, auch pilzresistente Rebsorten, und die Resistenzzüchtung ist für die Zukunft ein wichtiger Teilaspekt ihrer Arbeit.
Nun nützen die besten Resistenzeigenschaften aber in der Praxis nichts, solange die Weine einer neu gezüchteten Rebsorte nicht die besonderen Merkmale deutscher Weine besitzen, also leicht sind, reich an geschmacklichen Feinheiten und an fruchtiger, harmonischer Säure. Das sind unverzichtbare Eigenschaften, an denen in Deutschland eine neue Rebsorte gemessen wird, ehe sie für den Anbau überhaupt infrage kommt.
Vorerst ist Qualitätsweinbau ohne gezielte und sorgfältige Bekämpfung verschiedener Pilzkrankheiten (zum Beispiel Peronospora, Botrytis) und Schädlinge (wie Traubenwickler) nicht möglich. Je nach Witterung müssen die Reben drei- bis sechsmal während der Vegetationsperiode mit Rebschutzmitteln behandelt werden.
Dabei spielen aber heute ökologisch orientierte Spritzmittel eine große Rolle. Als Beispiele seien nur der B. Thuringiensis (Bazillus Thuringiensis ist ein Gegenspieler in der freien Natur, der die Raupen von innen zerstört) oder die Pheromonverwirrmethode (eine desorientierende Methode mit Sexuallockstoff) gegen den Traubenwickler genannt. Die ökologisch orientierten Winzer sprechen von Pflanzenpflege statt von Pflanzenschutz.

## *Sind die Weine frei von Rückständen der Rebschutzmittel?*

Wir Leute vom Weinfach trinken im Durchschnitt wohl etwas mehr Wein als unsere Kunden, obwohl wir ihn – aus Respekt vor dem Wein – maßvoll trinken. Damit stellt sich auch für uns die Frage nach einem rückstandsfreien Lesegut.
Zunächst ist uns bekannt – und das ist sehr wichtig –, dass in unseren Weinbaugebieten keine Rebschutzmittel mehr ausgebracht werden, wenn die Trauben zu reifen beginnen. Das ist etwa Ende Juli bis Anfang August.

In den darauf folgenden zwei bis drei Monaten bis zum Beginn der Traubenernte – wir ernten späte Rebsorten oft erst im November – sind die auf die Blätter und die jungen Trauben ausgebrachten Mittel längst abgebaut. Wir wissen aber noch eins, was hier ebenfalls gesagt wird, weil es für den Weinfreund von großer Bedeutung ist: dass die Hefe während der Mostgärung einen hervorragenden biologischen Filter darstellt, der Trübstoffe und auch Rückstände von Pflanzenschutzmitteln absorbiert.
Wir genießen die Weine mäßig, dankbaren, frohen Herzens und ohne Hast. Bei solchem genussfrohen Verhalten werden auch seelische Rückstände vortrefflich abgebaut. Wem diese Argumente nicht genügen, der soll Wein aus ökologischer Erzeugung kaufen und trinken.

## *Wie alt kann ein Rebstock werden und nach wie vielen Jahren wird in Deutschland eine Rebanlage ausgehauen und neu gepflanzt?*

Normalerweise wird im Erwerbsanbau ein Rebstock nach 15 bis 20 Jahren aus wirtschaftlichen Gründen erneuert. Dann sinken die Erträge.
Dagegen kann ein Rebstock sehr alt werden. Einzelne Hausrebstöcke haben ein Alter von 200 und mehr Jahren. Sie haben einen hohen Wuchs und werden nicht Jahr für Jahr durch Beschneiden und Düngergaben zu Höchsterträgen angespornt.
Zwei Gründe sind es also, die das Leben eines Rebstocks normalerweise so kurz gestalten: die niedere Erziehungsform als erster. Schon bei den hochgezogenen Rebanlagen in Südtirol, der „einfachen“ und „doppelten Pergelerziehung“ und der „Dachlaubenerziehung“, ergeben sich, besonders bei der dort Vernatsch genannten Rebsorte Trollinger, wesentlich höhere Lebensalter. Zum zweiten ist jeder Rebanlage sicher eine höhere Lebensdauer beschieden, wenn sich der Weinbauer mit einer geringeren Ernte zufrieden gibt.
Wenn ein Weinberg heute „ausgehauen“ und mit neuen Reben bepflanzt wird, dann kann das aber auch andere Gründe haben, zum Beispiel zu enge, nicht maschinell zu bearbeitende Rebzeilen, Überalterung der Drahtrahmen oder Wechsel zu einer anderen Rebsorte.

## *Mit wie viel Wein rechnet man als Ertrag eines Rebstockes und je Hektar Rebfläche?*

Normalerweise mit 1 bis 1,5 Litern pro Rebstock bei allen durch Klima, Boden, Rebsorte und Pflanzdichte gegebenen Unterschieden. Der durchschnittliche Hektarertrag lag in Deutschland im Zeitraum von 1986 bis 1994 bei 109 Hektolitern pro Jahr.
Die Natur lässt sich ebenso ungern in Schemata wie in Durchschnittsrechnungen pressen. Deutsche Weinjahrgänge – die Achtzigerjahre haben es gezeigt – können von einem auf das andere Jahr doppelte Mengen und mehr bringen – und umgekehrt. Ein gepflegter Hausrebstock, der in vollem Ertrag steht, ist für 20 Liter und mehr jährlich gut.
Mehr als der Ertrag pro Rebstock ist der Hektarertrag als Grundlage seiner Existenz für den Winzer interessant. Die ständige Steigerung der Erträge gab erst die Möglichkeit, dass Wein heute so preiswert ist wie nie zuvor. Hier nun ein kleiner Ausflug in die Geschichte des deutschen Weinbaus, der ahnen lässt, welche technischen und sozialen Veränderungen die zu schildernde Entwicklung mit sich brachte.
Von 1881 bis 1890 lag der Durchschnittsertrag bei rund 17,8 Hektolitern (also 1780 Litern) Wein pro Hektar (10 000 Quadratmeter) im Jahr. Durch Intensivierung des Weinbaus, besonders durch die Verwendung ertragsstarker Rebsorten, stärkere Düngung und konsequenten Pflanzenschutz, konnten für den Zeitraum von 1920 bis 1930 Durchschnittserträge von 26,8 Hektolitern pro Hektar erzielt werden, was einer Ertragssteigerung von 50 Prozent entspricht.
In welchem Maße moderne Weinbaumethoden die Erträge weiter steigerten, zeigt der fast unglaubliche Sprung der letzten 50 Jahre. Für den Zeitraum von 1970 bis 1980 wird ein jährlicher Durchschnittsertrag von 102 Hektolitern pro Hektar ausgewiesen, das ist gegenüber den Zwanzigerjahren eine Steigerung um mehr als 380 Prozent.
In fünf der untersuchten Jahre, nämlich 1970, 1973, 1975, 1976 und 1977 lagen die Hektarerträge durchschnittlich bei 115 Hektoliter oder (1973 und 1977) deutlich darüber. Das Jahr 1980 brachte den bescheidenen Hektarertrag von 52 Hektolitern, 1982 die Rekordmenge von 170 Hektolitern pro Hektar.

## Stehen Ertragsmenge und Güte des Weins in einem bestimmten Verhältnis zueinander? Führen hohe Erträge zu einem Rückgang der Weinqualität?

Das Mengen-Güte-Gesetz, zu dessen Umgehung bisher niemand einen Weg gefunden hat, besagt, dass bei Ertragssteigerungen von einem bestimmten Punkt an die Qualität absinkt. Wo dieser Punkt je nach Klima, Boden und Rebsorte zu suchen ist, wissen die Weinerzeuger aufgrund langjähriger Praxis recht genau. Eine Komponente, die bei Überlegungen über Ernteerträge einbezogen werden muss, ist die Marktlage. Dies führte dazu, dass sich immer mehr Menschen um eine Begrenzung der Erntemenge pro Hektar Gedanken machten. Letztendlich ist unabhängig vom Wetter der Winzer derjenige, der durch den Rebschnitt und die Düngergaben die Erntemenge bestimmt. Ertrags-Höchstgrenzen spielen besonders in Frankreich bei der Klassifizierung der Weine eine große Rolle. Streng kontrollierte Hektarerträge gibt es vor allem bei A.-C.-Weinen und allen Cru-Weinen.
In den hinter uns liegenden Jahrzehnten hatten wir relativ hohe Erträge von einigen wenigen weitschauenden Winzern ausgenommen. Die Zukunft des deutschen Weinbaus liegt aber klar in der Erzeugung von Qualitätsweinen der typischen vom Klima und vom Boden geprägten Art.
Inzwischen gibt es eine Höchstmengenverordnung auch in Deutschland, die allerdings in erster Linie der Marktentlastung, weniger der Qualitätssicherung dienen soll. Dazu sollte der Weinfreund wissen, dass die Möglichkeit hoher und sehr hoher Erträge vor allem auf tiefgründigen Lehm- und Lösslehmböden gegeben ist. 150 bis 200 Hektoliter, ja in Ausnahmefällen noch mehr können dort pro Hektar geerntet werden. Hang- und Steillagen dagegen mit flachgründigen Böden geben selten mehr als 70 bis 80 Hektoliter pro Hektar her.

## Führt die Maschinenernte der Trauben zu Qualitätseinbußen beim Wein?

Auch nach zahlreichen verdeckten Tests durch fachlich kompetente Stellen – wie Weinbau-Lehranstalten – wurde festgestellt, dass die Maschinenlese

gegenüber der Handlese keine qualitativen Nachteile für den Wein bringt. Ein großer Vorteil der Maschinenlese ist, dass sie wesentlich schneller verläuft als die Handlese, während die Kosten etwa die gleichen sind. Wo die Weiterverarbeitung, zum Beispiel in der Kelter, ohne Verzug erfolgen kann – was leider nicht überall der Fall ist –, sind keine Qualitätsminderungen feststellbar, vielmehr zahlt es sich aus, dass der Winzer flexibler ist und den letzten Sonnenstrahl für seine Lese ausnutzen kann.
Ein Trost allerdings für unsere qualitätsbewussten (Buch-)Leser: Für Weine von gehobener, individueller Qualität dürfte die selektive Handlese auch weiterhin das optimale und übliche Ernteverhalten bleiben.

## *Muss es sein, dass die noch vor wenigen Jahren so schönen und landschaftlich abwechslungsreichen deutschen Weinlande durch Flurbereinigung in reine Produktionslandschaften verwandelt werden?*

Wer Flurbereinigungen im Stadium größerer Erdbewegungen inmitten reizvoller Weinlandschaften erlebt, wird erschrecken. Doch eine Ortsbesichtigung nach der Beendigung der Arbeiten und der Neubepflanzung lässt die Sache schon in anderem Licht erscheinen. Naturfreunde müssen sich vor Augen führen, dass die Weinlandschaft nun einmal eine Erwerbslandschaft ist. Ohne die Zusammenlegung der vielen kleinen, oft durch Erbteilung entstandenen Rebparzellen zu wirtschaftlich zu bebauenden größeren Flächen, ohne ein zweckmäßiges Wege- und Gewässernetz ist Weinbau im internationalen Wettbewerb praktisch nicht mehr möglich. Flurbereinigung bedeutet Senkung der Kosten. Sie ermöglicht den Wein zu eher konkurrenzfähigen Preisen anzubieten als zuvor, früher nur in schwerer Handarbeit zu bewirtschaftende kleinparzellierte Hang- und Steillagen – wertvollste Qualitätslagen – dem Erwerbsweinbau zu erhalten.
Nachdem bisher etwa 50 Prozent der deutschen Rebfläche flurbereinigt sind, haben alle Beteiligten Erfahrungen gesammelt, die sich in einer landschaftsgerechten Flurbereinigung niederschlagen. Nach einigen skandalösen Fehlleistungen gibt es inzwischen viele Flächen, deren Bild nach der Begrünung schöner und harmonischer erscheint als vorher.

# Weinbereitung, Weinausbau

## *Was versteht man unter Weinbereitung und Weinausbau?*

Weinbereitung umfasst den Werdegang von der Traube bis zum verkaufsfertigen, in Flaschen abgefüllten Wein.
Das Wesentliche bei der Weinbereitung ist möglichst viel von den in der Traube vorhandenen Geruchs- und Geschmacksstoffen zu bewahren und sie – in durch die Gärung abgewandelter Form – in den Wein (und dann in die Flasche) zu bringen. Bei der Weinbereitung wird also nichts durch Eingriffe in die Struktur von Most und Wein verändert, sondern weiterentwickelt und „großgezogen". Das ist ein natürlicher Vorgang, der allerdings vom Fachmann überwacht und behutsam gelenkt werden muss, denn den Most wie den jungen Wein kann man – ebenso wie ein kleines Kind – sich nicht selbst überlassen. Sie müssten verderben. Demzufolge ist Weinbereitung keine „Produktion", viel weniger kann man von „Fabrikation" sprechen, auch das oft gebrauchte Wort Weinherstellung möchte ich als nicht zutreffend ablehnen. „Weinbereitung" ist schon besser, klingt mir aber zu sehr nach Küche – es ist die beste Bezeichnung, solange wir noch keine zutreffendere haben.
Der Vorgang selbst ist einfach: Für die Weißweinbereitung werden die Trauben zerquetscht oder „gemahlen" und dann gekeltert, das heißt ausgepresst. Dabei fallen von 100 Kilogramm Trauben 75 bis 80 Liter Most an. Die darin enthaltenen natürlichen Hefen (oft wird noch Reinzuchthefe zugesetzt) vergären den natürlichen Zucker zu Alkohol und Kohlensäure. Dann wird der junge Wein von dem „Trub" (Hefe und andere Stoffe) getrennt und reift im Fass, wobei er sich „ausbaut" und stabilisiert. Ist der erwünschte Reifegrad erreicht, wird er auf Flaschen abgefüllt.
Etwas anders vollzieht sich die Weinbereitung beim Rotwein. Da der Saft blauer Trauben genauso weiß ist wie der von weißen (es gibt Ausnahmen, wie die farbintensive Rebsorte Dunkelfelder) und sich die Farbstoffe in den

Häuten der Beeren befinden, lässt man die aus zerquetschten Trauben bestehende Maische gären und presst sie erst dann ab. Die Stiele, die viel Gerbstoff enthalten, entfernt man bei der Rotweinbereitung in der Regel. Man spricht dann von entrappten Trauben (je nach der Weinphilosophie auch bei weißen Trauben, zum Beispiel Gewürztraminer, Grauburgunder ...).
In zunehmendem Maße wird der Maische der rote Farbstoff dadurch entzogen, dass man sie erwärmt. Durch die Wärmezufuhr werden die Zellen der Beerenhaut zerstört und der rote Farbstoff läuft aus. Dies bringt auch in „farbschwachen“ Jahren Weine mit intensiver Farbe. Roseewein entsteht, wenn der Most bald nach Beginn der Gärung von den blauen Beeren abgepresst wird.
Der Erfolg der Weinbereitung im Keller, die Erhaltung der ganzen Geschmacksfülle der Trauben, hängt zu einem wesentlichen Teil von der Verklärung des Mostes (also dessen Reinheit) und von der Höhe der Gärtemperatur ab.

## Waren die Weine zur Zeit unserer Großväter nicht besser als heute?

Nein, die Erinnerung verklärt. Oft wird das Loblied früherer großer Jahrgänge gesungen, des 1911er und des 1921er, um nur zwei Beispiele zu nennen – überragende Tropfen! Von den anderen spricht man wenig. Noch vor ein paar Jahrzehnten war es einfach Glücksache, wie der Wein wurde. Heute kann jeder Jahrgang mit Genuss getrunken werden. Das haben wir der Wissenschaft, moderner Kellertechnik und Hygiene, aber sicherlich auch dem steigenden Konkurrenzdruck zu verdanken.
Dabei darf die erzieherische Wirkung der amtlichen Weinprüfung nicht vergessen werden, die Existenz des Deutschen Weinsiegels und die alljährlich stattfindenden Weinprämierungen, die die Weinerzeuger zu Höchstleistungen anspornen.
Schließlich verdanken wir den hohen Standard deutscher Weine auch der wesentlich besseren Ausbildung unserer heutigen Winzerschaft.
Ist es nicht typisch, dass es heute viel mehr „überdurchschnittliche“ Jahrgänge gibt und alle Jahrzehnte etwa einen „Jahrhundertwein“? Weine mit

den heute selbstverständlichen typischen Gebiets-, Jahrgangs- und Rebsortenmerkmalen waren zu Großvaters Zeiten Raritäten. Man überließ – in vielen Betrieben war das noch in den Dreißigerjahren zu erleben – die Weine, von gelegentlichem Schwefeln abgesehen, weitgehend sich selbst. „Böckser" durch übermäßiges Schwefeln oder durch Zersetzung der Hefe sowie Weinfehler wie Kahmhefen, Schimmelpilze und Essigbakterien durch Infektionen waren keine Seltenheit.

Nein also! Sicherlich hat es früher Spitzenweine bestimmter Jahrgänge und Erzeuger gegeben, die nicht laut genug gerühmt werden können. Doch das waren Ausnahmen. Die Weine, die wir täglich trinken (und uns leisten können, weil wir sie für einen moderaten Preis erstehen), sind aus heutiger Sicht besser als die unserer Großväter.

## *Es wird oft behauptet, dass die in modernen Großkellereien ausgebauten Weine zu wenig natürlich seien. Wie steht es damit?*

Technik, richtig gehandhabt, kann sich in qualitätsorientierten Betrieben nur positiv auf die Qualität des Weins auswirken.

Zur Begründung möchte ich die Erfahrungen anführen, die ich über viele Jahre bei Weinprämierungen gemacht habe. Uns Prüfern waren Anbaugebiet und Jahrgang, Rebsorte und Qualitätsstufe des Weins bekannt, nicht aber dessen nähere Herkunft, aus der wir auf den Erzeuger hätten schließen können. Wir wussten also nicht, ob er aus einem kleinen oder einem großen, aus einem technisch gut und modern oder weniger vollkommen ausgestatteten Betrieb kam. Eins wurde als Ergebnis immer wieder festgestellt: Unter *qualitätsbewussten* Betrieben herrschte durchaus ähnliches Niveau, ob groß oder klein, modern oder altväterlich ausgestattet. Diese Betriebe scheuen auch keinen Prämierungswettstreit, was auf manche Mitbewerber am Markt gewiss nicht zutrifft.

Gekonnter Ausbau der Weine verhindert negative mikrobiologische Einflüsse. Durch die zeitliche Raffung des Weinausbaus mithilfe sinnvoller Technik und umweltfreundlicher Materialien bleibt die ursprüngliche Art des Weins besser erhalten. *Die Qualität der Weine wächst nach wie vor im Weinberg und nicht im Keller.* Aber durch eine einfühlsame Kellerwirtschaft gelangt sie geformt und vollendet in den Wein.

## *Sind Weine vorzuziehen, die aus einer einzigen Rebsorte bestehen? Bedeutet das Verschneiden mehrerer Rebsorten eine Wertminderung?*

Das Verschneiden von Trauben, Mosten oder Weinen muss keineswegs zu einer Wertminderung führen, es kann auch eine Erhöhung des Weinwerts damit verbunden sein.
Lassen Sie mich einige Beispiele aus *Frankreich* anführen. Weltberühmte Weine, die *aus einer einzigen Rebsorte* stammen, sind zumeist die großen roten *Burgunderweine,* auch die Spitzenqualitäten der Weißweine wie Chablis und Meursault. Es ist nicht üblich und es wird auch durch die EU-Gesetzgebung nicht verlangt, dass auf dem Etikett (oder in der Preisliste) die Rebsorte angegeben wird. Aber der Kenner weiß: Rote Burgunderweine kommen fast immer – vom Beaujolais abgesehen – aus der Rebsorte Pinot noir (bei uns Blauer Spätburgunder genannt), weiße aus der Chardonnayrebe.
Auch auf den Etiketten der nicht weniger berühmten *Bordeauxweine* befindet sich normalerweise keine Rebsortenangabe. Es fragt auch niemand danach. Garant für die Qualität ist hier die genaue Herkunftsangabe und der Ruf des Erzeugerbetriebs (möglichst ein Château). Kenner dieser berühmten Weinbauregion und ihrer Weine wissen, dass hier sowohl die einfachen als auch die großen und größten Rotweine sowie die meisten Weißweine nicht aus einer einzigen Rebsorte gewonnen werden, sondern dass sie traditionsgemäß *Verschnitte* sind. Das Verschneiden ist hier gepflegte Kunst.
In solchen Verschnittweinen erfüllen die einzelnen Anteile ganz besondere Aufgaben. So bestehen die allermeisten roten Bordeauxweine – das Mischverhältnis ist von Betrieb zu Betrieb (und dort von Jahr zu Jahr) verschieden – aus drei Rebsorten. Zu etwa 70 Prozent aus Cabernet Sauvignon und Cabernet Franc. Die ersten sind kräftig mit viel Gerbstoff und Blume, in der Jugend aber oft hart, holprig und extrem alterungsfähig. Cabernet Franc ist wenig körper- und gerbstoffreich, von feinerer und weicherer Art. Dazu kommen dann etwa 30 Prozent Merlot voller runder, samtiger Süße. Malbec

(voll und samtig) und Petit Verdot (säurehaltig) werden hin und wieder als Ergänzungssorten benutzt.

Als weiteres Beispiel aus Frankreich sei der ebenfalls weltbekannte *Châteauneuf-du-Pape* genannt, der unweit von Avignon im unteren Rhônetal wächst. Dieser berühmte Rotwein ist ein Verschnitt aus bis zu 13 Rebsorten.

In Verschnittweinen kann unter guten Voraussetzungen ein reizvolles Mosaik positiver Weineigenschaften entstehen. Sie bieten dem Weinerzeuger die Möglichkeit Weine, in denen sich die guten Seiten verschiedener Rebsorten addieren, ohne die Gefahr von Konflikten mit dem Bezeichnungsrecht zu vermarkten.

Die deutsche Weinwirtschaft produziert traditionsgemäß vorwiegend sortenreine Weine, denn hier bestimmen neben den klimatischen Gegebenheiten die Rebsorten vorwiegend das Geschmacksbild der Weine. Das geht so weit, dass bei Weinprämierungen zunächst für jeden Wein die Frage gestellt wird, ob er rebsortentypisch (und jahrgangs- sowie gebietstypisch) ist. Muss das verneint werden, gehen die Prüfer gar nicht erst an die Bewertung. Der Wein scheidet aus. Aber nicht nur bei Weinprämierungen, sondern auch im Rahmen der amtlichen Qualitätsprüfung spielt die Frage, ob ein Wein rebsortentypisch ist, eine erhebliche Rolle.

Da ist es nur logisch, dass deutsche Weinerzeuger auf ihren Etiketten die Rebsorten deutlich herausstellen. Werden doch viele Weine gerade wegen ihrer Sorteneigenschaften gekauft. Der Gesetzgeber bestimmt, dass der Wein zu 85 Prozent aus der auf dem Etikett angegebenen Rebsorte bestehen muss. Sind zwei Sorten angegeben, so muss der Wein zu 100 Prozent aus diesen beiden bestehen; die Sorte mit dem größeren Anteil ist zuerst zu nennen. Die Angabe von mehr als zwei Rebsorten auf dem Etikett ist nicht gestattet. Verschnittweine ohne Angabe von Rebsorten aus Deutschland oder aus „mehreren Mitgliedsländern der EU“ sind durchweg einfache Tafelweine.

Da sortenreine Weine wie Verschnittweine ihre Vorteile und ihre Freunde haben, werden sie auch künftig nebeneinander angeboten werden. Maßgebend sind die Anbauverhältnisse und Traditionen in den einzelnen Weinbauländern. Es wäre ein großer Verlust für alle Weinfreunde, wollte man die Vielfalt einschränken, die uns das Weintrinken immer wieder zum Vergnügen macht.

## Darf Wein gezuckert werden?

Nein, das ist grundsätzlich verboten! Und die Zugabe von Zucker vor der Vergärung ist nur in einem eng begrenzten, durch das Weingesetz genau festgelegten Umfang erlaubt.
In Deutschland ist die Anreicherung nur für Tafelweine und einfache Qualitätsweine (Q.b.A.) gestattet. Weinfreunde sollten wissen, dass eine Anreicherung keinerlei Einfluss auf die Geschmacksrichtung der Weine hat und demnach sowohl für trockene wie für liebliche Weine erfolgen kann. *Es wird hier ein geringer natürlicher Alkoholgehalt auf ein für die Geschmacksharmonie erforderliches Maß angehoben.*
In Weinbaugebieten, die am nördlichen Rand der Weinbauzone liegen (dazu gehören auch manche französische), ist es in Jahren mit weniger günstiger Witterung notwendig einen Mangel an natürlicher Reife und Süße der Trauben auszugleichen. Das geschieht in der Regel durch Zugabe von Zucker zum Most. Das deutsche Weingesetz gesteht das in engen Grenzen zu für Moste, aus denen Tafelweine, Landweine und Qualitätsweine bestimmter Anbaugebiete (Q.b.A.) gewonnen werden sollen. Es verbietet jedoch die Anreicherung für alle Qualitätsweine mit Prädikat, also vom Kabinett aufwärts. Eine vergleichbare Einschränkung kennt man in anderen Weinbauländern – etwa in Frankreich – nicht.
Es wird heute, insbesondere in der dynamischen jüngeren Generation der Weinbau-Betriebsleiter, in Deutschland zunehmend die Frage nach dem Sinn (oder Unsinn) dieser von deutscher Seite freiwillig gewählten Beschränkung und damit auch der Beschränkung der Konkurrenzfähigkeit gestellt und es erscheint an der Zeit, dass sich die Zuständigen in Deutschland dieses wichtigen Problems annehmen und Wege finden über *kontrollierbare* Maßnahmen auch für Jahre mit weniger günstiger Witterung die Konkurrenzfähigkeit *aller* deutschen Weine – nicht zuletzt auch der trockenen Prädikatsweine – herzustellen. Dabei müssen die besonderen Merkmale der klimabedingten „Spezialität Deutscher Wein“ und auch ihre leichtere Art erhalten bleiben.
Die Anreicherung von Mosten wird meist durch Rohr- oder Rübenzucker geschehen. (Andere Methoden der Anreicherung beruhen auf dem System dem Most Wasser zu entziehen.) Der dem Most zugesetzte Zucker unter-

scheidet sich praktisch nicht vom Zucker der Traube und wird genauso vergoren wie dieser. Das Ergebnis ist ein Wein mit einem höheren Alkoholgehalt, der sich positiv auf die geschmackliche Harmonie und die Haltbarkeit auswirkt. Ein gewisser Alkoholgehalt ist notwendig, damit sich die Geschmacksstoffe optimal entfalten können und bewahrt bleiben.
In Italien verwendet man in zunehmendem Maße für die Verbesserung Traubenmostkonzentrat (RTK). Hier trägt man, was die Verbesserung betrifft, auf beiden Schultern. So wie es den Trauben unserer Breiten gelegentlich an Zucker mangelt, fehlt in südlichen Weinbauländern oft die Säure um den Wein harmonisch und haltbar zu machen. Es muss und darf deshalb in manchen südlichen Weinbauregionen Säure zugesetzt werden.
Dass deutschen und ausländischen Mosten zur Erhöhung des Alkoholgehalts unter bestimmten Umständen Zucker (ein Naturprodukt!) zugesetzt werden darf, sollte den Weinfreund nicht aufregen. Der Genuss vieler Weine wäre ohne diese gesetzlich erlaubte und genau geregelte Maßnahme oft weniger groß. Lernen wir von unseren französischen Nachbarn: Hier denkt niemand daran, sich an dieser den Weinen zugute kommenden Maßnahme zu stoßen.

## *Wie kommt ein „lieblicher" oder „süßer" Wein zu seiner Süße?*

Meist durch die Zugabe einer genau dosierten Menge Traubenmost vor der Flaschenabfüllung. Die Antwort ist zwar schneidig kurz, umfasst auch das Wesentliche, doch bedarf sie einer näheren Erklärung.
Zunächst muss festgestellt werden, dass es schon immer Weine gibt, die ohne jeden Zusatz einen hohen Zuckergehalt und damit eine betonte, edle Süße haben. Dazu gehören deutsche Weine hoher und höchster Qualitätsstufen, die als besondere Spezialitäten Weltruf besitzen. Ihre Süße rührt daher, dass die für die Vergärung der Moste verantwortliche Hefe bei Mostgewichten von 100 Grad Öchsle und mehr nicht in der Lage ist den natürlichen Traubenzucker vollständig in Alkohol und Kohlensäure umzuwandeln. So verbleibt eine hohe, ganz natürliche Restsüße. Die Analysen solcher Weine weisen bei normal vergorenen deutschen Auslesen 60 bis 70 Gramm unvergorenen Zucker pro Liter aus. Bei hohen Prädikaten kann

der natürliche Zuckergehalt 150 Gramm und mehr betragen. Dabei erfolgte keine Zugabe von Traubenmost (oder gar eine Zugabe von Zucker zum fertigen Wein, die in jedem Falle verboten ist). Um die gewünschte Restsüße zu erhalten bietet sich dem Kellermeister die Möglichkeit an den Gärprozess an einem ihm genehmen Zeitpunkt zu unterbrechen um so zu einer ausgewogenen Menge von Alkohol und Restzucker zu kommen. In Ermangelung besserer Verfahren hat man in den Jahren nach dem Zweiten Weltkrieg hohe Gaben von schwefliger Säure eingesetzt mit dem Ergebnis, dass oft zu viel Schwefel im fertigen Wein verblieb. Da bedeutete es schon einen Fortschritt den Gärprozess durch Druck (im Drucktank) oder durch die Wirkung von Kälte zu unterbrechen. Danach muss der Wein um eine Nachgärung auszuschließen über Entkeimungsfilter in sterilem Zustand auf Flaschen gefüllt werden. Diese Verfahren haben den Vorteil, dass die Restsüße aus dem Wein selbst kommt, also nicht zugesetzt wird.
Nun endlich zur oben gegebenen Kurzantwort: Bei dem heute meist angewendeten Verfahren wird dem vergorenen Wein zur Abrundung seines Geschmacksbildes eine genau dosierte, gesetzlich begrenzte Menge von sterilisiertem Traubenmost der gleichen Qualitätsstufe und des gleichen Anbaugebiets zugesetzt. Dieser Most – eine Reserve an süßem Most – wird „Süßreserve“ genannt. Was diese Süßreserve angeht, macht das Gesetz bestimmte Auflagen, über deren Nützlichkeit die Meinungen auseinander gehen. Bei großzügigem Umgang mit Süßreserve besteht die Gefahr, dass die zugelassenen 15 Prozent Zugabe einer nicht präzise ausgewählten Süßreserve den Wein in einer nicht immer wünschenswerten Weise verändern. Die amtliche Qualitätsweinprüfung, die unter anderem über die sorten- und gebietstypische Art der Weine zu wachen hat, ist da mitunter stark gefordert. Der Umgang mit Süßreserve kann und muss als Test für das Qualitätsbewusstsein eines jeden Betriebes gewertet werden.

## *Ist die Anwendung von Schwefel bei der Weinbereitung nicht vermeidbar? (Ökologische Aspekte)*

Schon die alten Römer – so beginnt vieles beim Wein. Die alten Römer bereits pflegten ihre leeren Weinfässer, indem sie in ihnen Schwefel verbrannten und dadurch das Holz wie den in ihnen aufzubewahrenden Wein vor schädlichen Einflüssen schützten. Noch heute scheint Schwefel beim Weinausbau unentbehrlich. Man bemüht sich jedoch die erforderlichen Schwefelmengen möglichst niedrig zu halten und erreicht in der Praxis auch Werte, die weit unter den im Gesetz als Höchstgrenzen genannten liegen. Neuerdings propagierten Verfahren Wein ohne jeden Schwefel auszubauen steht die Weinwirtschaft mit großer Skepsis gegenüber. Zur mangelnden Haltbarkeit der Weine kommt, dass sie sich geschmacklich vom rebsorten- und gebietstypischen Bild weit entfernen.

Bei der Weinbereitung wird Schwefel weder in fester Form noch gar als Schwefelsäure verwendet, sondern nur als „schweflige Säure", $SO_2$. Der Zusatz von Schwefel zu Most, Maische oder Wein hat Vorteile – gleichermaßen für den Winzer wie für den Weinfreund –, von denen zwei der wichtigsten hier kurz zu erklären sind: Luftsauerstoff wird gebunden. Dadurch vermeidet man – erstens – einen Oxidationsprozess, der den Wein zu schnell altern ließe. Dieser unerwünschte Prozess kann an jedem geschälten Apfel demonstriert werden, der sich durch die Einwirkung von Luftsauerstoff in kurzer Zeit unansehnlich braun verfärbt. Zweitens wird durch die Bindung des Luftsauerstoffs – dem Schwefel sei's gedankt – vielen Mikroorganismen die Lebensgrundlage entzogen und somit den so gefürchteten Bakterien-Infektionen entgegengewirkt. So bleibt der Wein gesund, frisch in Farbe, Geruch und Geschmack und haltbar. Es hat schon seinen guten Grund, warum Wein in allen Weinbau treibenden Ländern der Erde geschwefelt wird. Gesundheitliche Bedenken gegen die Verwendung von schwefliger Säure im Rahmen der gesetzlich zugelassenen Möglichkeiten bestehen nicht. Dass diese Mengen in der Praxis weit unterschritten werden, mag der Weinfreund als ein Zeichen verbraucherorientierter Kellertechnik werten.

Man weiß heute zum Beispiel auch, wie man beim Lesegut zur Gewinnung von Beeren- und Trockenbeerenauslesen (Botrytisbefall) mit bis zu 20 Prozent weniger gesamter schwefliger Säure auskommt. Durch den Zusatz von Hefenährstoffen kann der Verlust an natürlichem Fluamin (Ferment) durch den Eigenbedarf des Botrytispilzes, der bis zu 90 Prozent betragen kann, ausgeglichen werden. Dadurch vermögen sich die Hefen schneller zu vermehren, die Gärung verläuft zügiger und es werden Endvergärungsgrade erreicht, die zu deutlich niedrigerem Bedarf an schwefliger Säure führen.

Es gibt heute keinen Ersatz für den Schwefel in der Weinbereitung, denn er sterilisiert nicht nur, sondern bindet auch Gärungsnebenprodukte wie Acetaldehyd und zieht diese damit geschmacklich aus dem Verkehr. Wichtig muss dem Weinfreund vor allem sein, dass der feinfruchtige Charakter und die nachhaltige Art deutscher Weine erhalten bleiben.

## *Was versteht man unter dem Schönen des Weins? Wird er dadurch schöner?*

Schöner nicht, aber haltbarer. Die alte Bezeichnung „Schönen" fasst eine Reihe von Kellermaßnahmen zusammen, die der Klärung, Stabilisierung und geschmacklichen Verfeinerung des Weins dienen. Dabei werden bestimmte, in der Art der Anwendung und der Menge gesetzlich genau definierte Stoffe dem Most oder Wein zugegeben. Da sie aber sämtlich während der Weinbereitung wieder ausgeschieden werden, treten sie im fertigen Wein nicht auf.

Das älteste Schönungsmittel ist das tierische Eiweiß; zu den zugelassenen Substanzen gehören Bentonit (das in Apotheken als Heilerde angeboten wird), Aktivkohle, Hausenblase und Gelatine.

Die Schönungsmittel werden gründlich mit dem Wein vermischt. Die Wirkung tritt dadurch ein, dass Schönungsmittel durch Oberflächenanziehung (Adsorption) Trubteilchen an sich reißen oder dass sich kolloidale Flockungen bilden, welche die Trubstoffe einhüllen und mit zu Boden führen. Es gibt auch Schönungsmittel, die unerwünschte Stoffe chemisch abbinden.

Es kommen nur wenige Schönungen zum Einsatz, die dann dem Konsumenten einen Wein mit höchster Stabilität und Reinheit garantieren.

## *Weshalb werden die Holzfässer immer seltener?*

Für den Ausbau unseres tägliches Weins hat der moderne Weinbehälter mancherlei Vorteile, für bestimmte Spezialitäten jedoch ist das Holzfass nicht zu ersetzen.

Zunächst geht es um die Romantik. Das Herz vieler Weinfreunde hängt am Holzfass. Ich rechne mich zu ihnen und muss gestehen, dass mein Herz höher schlägt, wenn ich mich in einem mit viel Liebe und Sachverstand gepflegten Holzfasskeller befinde. Wir treffen sie – noch – in allen deutschen Weinbaugebieten an, mehr noch in Frankreich, etwa in Burgund oder um Bordeaux, in Italien in der Toskana ...

Wenn immer mit Recht herausgestellt wird, es gehe darum, den Wein so naturnah wie möglich zu erzeugen, dann erwarten Sie die Schlussfolgerung, das sei nur in einem Holzfass möglich. Leider stimmt solche Aussage heute nur noch mit Vorbehalten: Weißweine, die von frischer und anregender Art sein sollen, werden tatsächlich besser in Behältern mit luftdichten Wandungen, zum Beispiel aus Edelstahl, ausgebaut. Sie können ihren Charakter nur wahren, wenn sie möglichst wenig mit Luft und Wärme in Berührung kommen. Durch Berieselung der Behälter mit Wasser kann die Temperatur des gärenden Mostes wie die des Jungweins beeinflusst werden, was in der Praxis meist die Kühlung und damit die Regulierung des Gärvorgangs bedeutet. Hinzu kommt, dass die Pflege von Holzfässern bis zum Zehnfachen (!) teurer ist als die von Behältern aus modernen Werkstoffen.

Bei der Weißweinbereitung und bei einem Teil der Rotweinbereitung haben moderne Großbehälter die Holzfässer weitgehend ersetzt. Diese Entwicklung geht weiter, stößt jedoch – hauptsächlich bei Rotweinen – auf bestimmte Grenzen. Rotwein hat nämlich gern zum Ausbau etwas Luftsauerstoff, den er im Holzfass durch den natürlichen Luftaustausch bekommt. Darüber hinaus nimmt der Jungwein natürlichen Gerbstoff aus dem Eichenholz der Fässer auf. Solche Weine brauchen dann Jahre, bis sie ihre volle Genussreife erreichen. Davon verbringen sie – zum Beispiel in den berühmten Regionen um Bordeaux und Burgund – mindestens zwei Jahre im Holzfass. Mehr als man es sich hier vorstellt sind dort die Weinkeller ausschließlich mit Holzfässern bestückt. Nicht wie in Deutschland, wo – es mag mit dem geringen Anteil an Rotwein zu tun haben – Holzfässer sich meist in einem kleineren Teil des Kellers befinden, in den die Besucher zuerst geführt werden.

Viele Betriebe, in erster Linie Qualitätsweingüter und selbst vermarktende Familienbetriebe, werden an einem Teil ihrer Holzfässer festhalten um zumindest während des wichtigsten Teils der Reifezeit ihre besonderen Spezialitäten – Weißweine mit herzhafter Säure und kernige Rotweine – sich dort langsam und harmonisch „ausbauen“ zu lassen. Voraussetzung dafür ist allerdings nicht nur das Holzfass, sondern eine gleich bleibende kühle Temperatur von 6 bis 8 Grad Celsius, wie sie für tief im Erdreich oder Felsen angelegte Keller typisch ist.

## *Was versteht man unter „Barriqueweinen“?*

Barriques sind etwa 225 Liter fassende Fässer aus Eichenholz der verschiedenen französischen Provinzen (Nevers, Troncais, Allier, Limousin) oder aber auch aus amerikanischer, deutscher oder slawischer Eiche. Die Fässer werden beim Zusammenbau zum Biegen der Fassdauben über offenem Feuer erhitzt (getoastet). Durch unterschiedliche Hitze und Dauer dieser Prozedur entsteht eine mehr oder weniger ausgeprägte Karamellisierung des Fassinnern. Bei der späteren Weineinlagerung in diese Fässer werden die Toast- oder Karamellaromen zum Teil gelöst und gehen in den Wein über. Diese Aromanote hat nichts mit dem in neuen großen Holzfässern vorhandenen Loheton zu tun, da diese Fässer nur mit Dampf gebogen werden und die Röstaromen fehlen.
Von Frankreich ausgehend haben Weinausbau und -lagerung in kleinen Eichenfässern international eine geradezu unglaubliche Verbreitung gefunden. Nahezu alle namhaften Weingüter und Weinerzeuger in allen Weinbaugebieten der Welt erzeugen heute Barriqueweine und erzielen große Erfolge. Wir Deutsche tun uns da schwer. Barriqueweinerzeuger und Fundamentalisten stehen sich nahezu unversöhnlich gegenüber. Eigentlich wäre es sehr leicht einen gemeinsamen Konsens zu finden, nämlich die Erzeugung höchstmöglicher, marktgerechter Qualität.
Durch den Ausbau im Barriquefass erfahren die Weine eine analytische und sensorische Veränderung, die in der Regel auch zu einer höheren Lagerfähigkeit führt. Da der Einsatz von Barriquefässern sehr teuer ist (Mehrkosten von 7 bis 8 DM/Liter), können nur wenige Winzer diese Spezialität produzieren. Feinfruchtige, leichte Weine und alkoholbetonte, Vanille-, Kaffee- und Schokoladenaromen in Verbindung mit dem biologischen Säureabbau bereichern in Deutschland das Weinangebot.

# Weinqualität – Weinwert

### Was versteht man unter einem „guten Wein"?

Für mich ist ein Wein dann von guter Qualität, wenn er ohne Fehler ist (was man von jedem Wein erwarten sollte) und von harmonischem, rebsortentypischem, gebietstypischem und jahrgangstypischem Charakter. Wenn er die positiven Geruchs- und Geschmacksmerkmale aufweist, die ich nach dem Etikett (und dem Kaufpreis) von ihm erwarten kann und wenn er dem Weingesetz des Herkunftslandes und allen Vorschriften der Weltgesundheitsorganisation voll entspricht.

Wenn ich zum Mittagessen „unter der Woche" einen einfachen trockenen oder halbtrockenen Silvaner suche und dafür fünf bis sechs Mark pro Flasche zahle, erwarte ich einen frischen, herzhaften, weitgehend neutralen Wein. Werden diese Erwartungen erfüllt, so habe ich einen zwar einfachen, doch einen Wein von „guter" Qualität.

Ich habe mich hier bemüht den Begriff Qualität, der insbesondere im Rahmen der Wirtschaftswerbung in oft reich schillernder Form gebraucht und missbraucht wird, auf seinen sprachlichen Ursprung zurückzuführen. Leider hat sich eine weit verbreitete verwirrende Verwendung bis in das deutsche Weingesetz hinein nicht aufhalten lassen.

### Kann man die Weinqualität mit Geräten messen?

Nein, messbar sind bis heute nur einige der zur Gütebestimmung notwendigen Faktoren (Mostgewicht, Fruchtsäure, zuckerfreier Extrakt). Um die Gesamtheit der wichtigen Merkmale zu erfassen sind Auge, Nase und Zunge des fachlich versierten Prüfers notwendig.

Der Pforzheimer Apotheker und Goldschmied Ferdinand Öchsle (1774 bis 1852) entwickelte ein Messgerät (Aräometer, auch Senkwaage genannt),

mit dessen Hilfe es möglich ist, den Zuckergehalt eines Mostes zu ermitteln und sich damit ein ungefähres Bild zu machen, welcher Güteklasse der Wein zuzuordnen sein wird.
Die „Öchsle-Grade", die man heute von einem ebenso einfachen wie einfach ablesbaren Refraktometer (ein optisches Gerät, das der Winzer in die Tasche steckt und mit in den Weinberg nimmt) ablesen kann, besagen, wie viel Gramm ein Liter Most mehr wiegt als ein Liter Wasser. Es entsprechen 65 Grad Öchsle einem spezifischen Gewicht von 1,065.
Da die Öchsle-Grade in der Hauptsache den natürlichen Zuckergehalt im Most angeben, sind sie – als „Ausgangsmostgewicht" – Maßstab für die Mostqualität.
Für die 13 deutschen Qualitätswein-Anbaugebiete, für alle zugelassenen Rebsorten und für die Güteklassen von Qualitätswein bestimmter Anbaugebiete bis zur Trockenbeerenauslese sind Mindestmostgewichte in Grad Öchsle vorgeschrieben. Es wäre weder zweckmäßig noch vom Platz her möglich Ihnen dieses Tabellenwerk hier vorzulegen. Doch sollten Sie anhand einiger weniger Beispiele einen Einblick in dessen Aufbau nehmen. Denn die Zahlenkolonnen spiegeln die unterschiedlichen Anbaubedingungen in den einzelnen Weinbaugebieten. Schauen wir zu den so beliebten *Spätlesen.* Beim Riesling werden an der Ahr, an Mosel-Saar-Ruwer und am Mittelrhein mindestens 76 Grad Öchsle verlangt, an der Nahe 78 und in allen anderen Weinbaugebieten 85. Vom früher reifenden Müller-Thurgau erwartet man in den Anbaugebieten Ahr, Mosel-Saar-Ruwer und Mittelrhein mit 80 und an der Nahe mit 82 Grad Öchsle höhere Mostgewichte, im südlichen Baden sogar 89 Grad. Auch für den Kerner werden höhere Mostgewichte vorgeschrieben, in Württemberg 88 und im südlichen Baden 92 Grad Öchsle.
Wenn in Weinjahren mit besonders ungünstiger Witterung als Ausnahme eine geringfügige Senkung der zulässigen Mostgewichte festgelegt wird, so verfährt man nach einer international gültigen Regel.
Damit hat das Mostgewicht eine überdimensionale Bedeutung erlangt. Sicherlich ist es, wie der sich daraus ergebende Alkoholgehalt des Weins, ein wichtiges Kriterium zur Beurteilung der Qualität, aber keineswegs das einzige. Gerade beim deutschen Wein gibt es eine Reihe von Eigenschaften, die allerdings nur in sensorischer Prüfung (Zungenprobe) ermittelt werden

können, in ihrer Summe aber von größerer Bedeutung für die Weinqualität sind. Gerade „mittlere" Weinjahre, also solche mit normalen Witterungsverhältnissen – nicht zu viel, aber auch nicht zu wenig Sonne und Regen, jedoch genügend Sonnenschein während der für die Traubenreife und -lese entscheidenden Spätsommer- und Herbstwochen – bescheren den Winzern in unseren Weinbaugebieten saftige, herzhafte, voll schmeckende, anregende und bekömmliche Weine mit all den klima- und rebsortenbedingten besonderen Eigenschaften der „Spezialität Deutscher Wein". Derart finessen- und säurereiche Weine sind in heißem Klima nicht zu erzielen.
Was könnte ein Gerät, das Weinqualitäten messen soll, auf die Fragen „Ist er sortentypisch? Ist er gebietstypisch? Ist er jahrgangstypisch?" antworten? Solange es neben dem Mostgewicht nicht die Fülle der übrigen Inhaltsstoffe erfasst, wird man zumindest beim deutschen Wein um die sensorische Prüfung nicht herumkommen. Wir stellen mit Interesse fest, dass sie auch in anderen Weinbauländern mehr und mehr eingeführt wird.

## *Sind die Güteklassen deutscher, französischer und italienischer Weine miteinander vergleichbar?*

Die Schwierigkeit besteht darin, dass allen einheitlichen Bezeichnungen (und noch mehr der Anwendung einheitlicher Kriterien) die unterschiedliche Entwicklung in den Weinbauländern entgegensteht. Die Einstufung deutscher Weine in eine Güteklasse erfolgt nach verschiedenen Kriterien, unter denen die Herkunft eines ist (ein anderes das Ausgangsmostgewicht). In Frankreich und Italien dagegen ist die Herkunft das ausschließliche Kriterium. Allerdings bedeutet Herkunft dort, dass der Erzeuger Auflagen erfüllt hat, ohne die er sich der begehrten Herkunftsbezeichnung nicht bedienen kann.
Doch zunächst zu den *Tafelweinen:*
– Bundesrepublik Deutschland = Tafelwein.
– Frankreich = Vin de table.
– Italien = Vino da tavola.
Eine eigene „angehobene" Güteklasse bilden die Landweine mit Herkunftsnachweis aus festgelegten Anbauzonen:

– Bundesrepublik Deutschland = Landwein (mit vorgeschriebenen, die Herkunft nachweisenden Bezeichnungen).
– Frankreich = Vin de Pays.
– Italien = Denominazione di origine semplice (einfache Herkunft, meist auf den Etiketten nicht verzeichnet).

*Qualitätsweine,* die in Deutschland die Bezeichnung Qualitätswein bestimmter Anbaugebiete oder Qualitätswein mit Prädikat tragen, sind in etwa den
– französischen Weinen mit der Bezeichnung V.D.Q.S. (Vin Délimité de Qualité Supérieure = Qualitätsweine aus abgegrenzten Herkunftsgebieten) oder denen mit der Bezeichnung A.C. oder A.O.C. (Appellation d'Origine Contrôlée),
– italienischen Weinen mit der Bezeichnung DOC (Weine mit kontrollierter Herkunftsbezeichnung) und DOCG (Weine mit kontrollierter und garantierter Herkunft) gleichzustellen.

Hinzuzufügen ist hier, dass es Güteklassen auch in weiteren Weinbauländern gibt, wobei sich die Bezeichnungen in Österreich weitgehend an die deutsche Gesetzgebung, diejenigen in den mediterranen Ländern an das französische System anlehnen. Sind die Bezeichnungen auch ähnlich (DO in Spanien und Portugal, VQPRD in Griechenland, Vin à appellation d'origine contrôlée in Tunesien, Ungarn und Rumänien), so stehen dahinter doch oft Bewertungsmaßstäbe, die sich so weit von denen der führenden Weinbauländer unterscheiden, dass ein Vergleich nicht möglich ist. Ganz allgemein gilt das Bestreben durch solche Bezeichnungen Weine höheren Wertes von einfachen Konsumweinen unterscheidbar zu machen und es gilt die Faustregel, dass man von einem Wein umso mehr erwarten darf, je genauer seine Herkunft angegeben ist, denn auch eine Spätlese kann pappig sein.

Damit aber endet auch die Einheitlichkeit und wir müssen jetzt auf die Unterschiede eingehen. Der erste und wichtigste liegt im System. Der Weinbau in der Bundesrepublik Deutschland kennt keine privilegierten Rebflächen. Jeder Wein, der auf einer für den Weinbau zugelassenen Fläche innerhalb eines der Anbaugebiete für Qualitätswein angebaut wurde, hat sich der amtlichen Qualitätsprüfung zu unterziehen. Ob er als Qualitätswein bestimmter Anbaugebiete oder als Qualitätswein mit Prädikat (und mit welchem Prädikat) auf den Markt gebracht werden darf, ist von dem Ergebnis der sensorischen Prüfung abhängig. Diese „Prüfung im Glas" gibt

nach Meinung vieler Weinfreunde den deutschen Weinen manchen Vorsprung vor ihren ausländischen Konkurrenten.
Das in Frankreich gültige System der Einordnung eines Weins in eine Güteklasse geht ausschließlich von der Herkunft aus. Das hat Geschichte. Schon 1855 wurden die Rebflächen des Médoc einer „Klassifikation" unterzogen, die übrigens noch heute Gültigkeit hat. Es gibt fünf Klassen von „Crus" (Weinbergen) von „Premier Cru" bis „Cinquième Cru" sowie die darunter rangierenden „Cru Bourgeois". Einfachere Klassifizierungen kennt man in Saint-Emilion, Graves, Sauternes und Barsac (alle im Gebiet von Bordeaux) und seit 1860 auch in Burgund. Es wird in den Weinbüchern um diese historischen Klassifizierungen viel Papier verschrieben, in der Praxis handelt es sich um eine verschwindend geringe Menge von Weinen, sodass der Weinfreund höchst selten mit Flaschen solchen Inhalts Bekanntschaft macht. Auf demselben Prinzip basieren die gängigen französischen Güteklassen mit den Bezeichnungen V.D.Q.S. (Vin Délimité de Qualité Supérieure), die kleinere Gruppe der französischen Qualitätsweine, die meist aus dem Süden stammen, und A.C. oder A.O.C. (Appellation d'Origine Contrôlée), die die überwiegende Zahl französischer Qualitätsweine stellt. In beiden Fällen handelt es sich um kontrollierte Herkunftsbezeichnungen. Allerdings ist die Bezeichnung auch an die Erfüllung bestimmter Auflagen gebunden, zum Beispiel der Anbau bestimmter Rebsorten, Höchsterträge (also Ertragsbegrenzung), Mindestalkoholgehalt. Der springende Punkt aber ist, dass die A.C.-Gebiete durchaus nicht als gleichwertig einzustufen sind. Es gibt größere und kleinere mit mehr oder weniger strengen Auflagen, also allgemeine Appellationen, die ein ganzes Weinbaugebiet wie Bordeaux umfassen, dann regionale und örtliche Appellationen, auf denen sich in der Pyramide der Güteklassen die schon genannten „Crus" aufbauen. Wenn in Jahren ungünstiger Witterung die für die jeweilige Bezeichnung geforderten Mindestgehalte an natürlichem Alkohol nicht erreicht werden, dann findet eine Abstufung in die nächste Klasse statt, dann heißt es, um ein Beispiel aus dem Bordelais zu nennen, statt Médoc nur Bordeaux. Zusätze wie „Grand", „Grand vin" oder „Vin noble" sind an keine gesetzlich fixierten Auflagen gebunden und stehen im Belieben des Herstellers.
Eine Schwachstelle dieses Systems ist es, dass Weine, die unter vorgeschriebenen Bedingungen auf den gesetzlich ausgewiesenen Flächen erzeugt wur-

den, Anspruch auf die Qualitätsbezeichnung haben, selbst wenn sie aufgrund einer unzulänglichen Behandlung von fragwürdiger Qualität sind. Man hat begonnen diesen Mangel zu beseitigen, indem auch in Frankreich Weine bestimmter Kategorien obligatorisch durch Verkostung geprüft werden. Das geschieht schon für alle Weine, die unter der Bezeichnung „Bordeaux" und „Bordeaux-Supérieure" vermarktet werden. In Burgund vollzieht sich Ähnliches.

## *Was ist für die Güte des Weins wichtiger, die Herkunft, also Klima und Lage, der Boden, die Rebsorte oder die Kellerwirtschaft?*

***Das Klima.*** Die Rebe braucht zum guten Gedeihen mindestens 1 300 Stunden Sonnenschein jährlich und eine mittlere Jahrestemperatur von nicht weniger als 9 Grad Celsius. Im Winter soll die Temperatur nicht unter minus 15 Grad Celsius absinken. Der Rebstock wächst zwar noch, wo diese Werte unterschritten werden, doch machen Ertragsausfälle oder unzureichende Weinqualitäten den Weinbau dort unrentabel.
In den deutschen Weinbaugebieten rechnen wir mit einer durchschnittlichen Jahrestemperatur von 9 bis 10 Grad. Die Weinbaugebiete im Norden Frankreichs, vor allem das Elsass und die Champagne, haben ähnliche Verhältnisse. Wir sitzen sozusagen in einem Boot. In Burgund und an der Loire liegen die Durchschnittstemperaturen etwa ein Grad höher als bei uns, im Raum Bordeaux bei 12,5 Grad, im mittelmeernahen Midi, wo etwa die Hälfte der französischen Reben gedeiht, bei 14 Grad Celsius.
„Je mehr Sonne, umso besser der Wein." Wäre diese Regel gültig, dann müssten in Frankreich die besten Weine im Midi wachsen, die besten Italiens in Sizilien. Das ist aber nicht der Fall. Vielmehr kommen die besten Weine Frankreichs und Italiens aus den mittleren oder nördlichen Gegenden dieser Länder (Burgund und Bordeaux, Toskana und Piemont). Noch mehr als für Rotweine gilt das für Weißweine. Die Weißweine des gemäßigten Klimas weisen mehr Spiel und Eleganz auf und sind herzhafter und durch ihre fruchtige Säure anregender als die unter hohen Temperaturen gewachsenen.

Ich sehe es als einen großen Vorzug unseres Klimas an, dass in den Weinbaugebieten nördlich der Alpen die Niederschläge dann fallen, wenn die Rebe sie braucht, nämlich in der Vegetationszeit. Während der Traubenblüte wünscht sich der Winzer eine regenarme beständige Witterung, in den Sommermonaten ausreichende Niederschläge und während der Traubenreife wieder beständiges, warmes Wetter bis zum Zeitpunkt der Lese. So kann die Traube sich harmonisch entwickeln und ein Höchstmaß an Geschmackswerten erzeugen, sodass insbesondere unsere Weißweine sich durch dezente Frucht und feine, nachhaltige und anregende Fruchtsäure auszeichnen, mit Finessen, die in einem heißen Klima nicht zu erzielen sind.

***Die Herkunft.*** Am nördlichen Rande der Weinbauzone spielt die Herkunft eines Weins eine große Rolle, will man die Qualität beurteilen. Nicht nur das Anbaugebiet (als Beispiel: Mosel-Saar-Ruwer) ist von Bedeutung, auch die Frage, ob Mosel, Saar oder Ruwer, ob untere, mittlere oder obere Mosel, Südhang, Südost- oder Südwesthang, Westhang oder Talboden.
Der Bestimmung der „engeren" Herkunft deutscher Weine dient die Lage. Nach dem Weingesetz von 1971 gibt es rund 2 600 Einzellagen und 160 Großlagen.
Die Einzellage ist die engste geografische Bezeichnung für einen Wein. Sie umfasst eine Fläche (die nicht weniger als fünf Hektar betragen soll, die größte Einzellage hat etwa 400 Hektar), auf der unter etwa gleichen Voraussetzungen des Klimas und des Bodens Weine einer vergleichbaren Qualität erzeugt werden.
Großlagen sind die Zusammenfassung mehrerer Einzellagen, auf denen Weine ähnlicher Qualität erzeugt werden, sodass man von einem Weintyp einer Großlage ausgehen kann. Aus Weinetiketten ist leider (das haben die Großvermarkter zu ihrem Vorteil so gewollt) nicht ersichtlich, ob es sich bei der Lagenbezeichnung um eine Einzellage oder eine Großlage handelt. Der Kenner bevorzugt Weine, deren Herkunft möglichst genau angegeben ist, und verspricht sich insbesondere von Hang- und Steillagen wegen der dort gegebenen klimatischen und geologischen Vorzüge gehobene Qualitäten. Genaue Auskunft – allerdings keine Werturteile – gibt der vom Deutschen Weininstitut, Mainz, herausgegebene „Deutsche Weinatlas" (Buchhandelsausgabe Hallwag-Verlag).

Als weitere Herkunftsbezeichnungen sind der Bereich und das Anbaugebiet zugelassen. Der Bereich fasst eine Reihe von Großlagen zusammen. So besteht zum Beispiel das Weinbaugebiet Baden aus den Bereichen Tauberfranken, Badische Bergstraße, Kraichgau, Ortenau, Breisgau, Kaiserstuhl, Tuniberg, Markgräflerland und Bodensee. Jeder dieser Bereiche, die im Falle Baden wegen der Größe des Landes extrem weit auseinander liegen, hat seine speziellen Weinbauverhältnisse und seine typischen, unverwechselbaren Weine.
Das geschilderte System regelt nur die Herkunftsbezeichnungen von Qualitätsweinen und Qualitätsweinen mit Prädikat. Für Tafelweine und Landweine gibt es andere, auf größere Räume abgestellte Herkunftsbezeichnungen.

***Die Böden.*** Sie haben starken Einfluss auf Art und Ausprägung, also auf den Charakter der Weine.
Auf durchweg kalkfreien Gesteinsverwitterungsböden gedeihen nervige, elegante Weine – also Weine mit viel Geschmacksfeinheiten und mit einer fruchtigen Säure. Es gibt da je nach Gesteinsart deutlich erkennbare Varianten. Weine von *Schieferböden* beispielsweise sind besonders feinfruchtig und rassig, gelegentlich auch – als junge Weine – stahlig. Auf *Muschelkalk- und Keuperböden* wachsen Weine von mehr markant-herzhafter kerniger Art. Dabei bringt der Keuper eine eher als voll zu bezeichnende Variante, der Muschelkalk eine mit Anklängen an Nerv und Eleganz. *Urgesteinsböden* – besonders Böden vulkanischen Ursprungs – bringen unter günstigen Klimabedingungen füllige, feurige, doch feinnervige Weine.
Sofern Gesteinsboden, etwa Schiefer oder vulkanisches Gestein, von einer dickeren Lehmschicht überlagert wird, kann es sein, dass der Weingeschmack mehr durch die Lehmauflage als durch das darunter liegende Gestein geprägt wird.
Sozusagen der Gegenpol der Gesteinsverwitterungsböden wird von tiefgründigen Lehm- und Sandböden gebildet. Lehm, Lösslehm und Ton – vorwiegend in ebenen oder leicht geneigten Lagen – bringen meist runde, kraftvolle Weine, deren Stärke mehr die Fülle als die Eleganz ist, Sandböden dagegen leichte und milde Weine.
Übertragen wir das auf die Verhältnisse in unseren Weinlanden, dann ergeben sich in den engen gewundenen Flusstälern bei den Böden wie beim

„Kleinklima“, das als wesentliche Komponente nicht vergessen werden darf, auf engem Raum die meisten Unterschiede. Dort ist auch das Gebiet der kleinen und kleinsten Einzellagen. Vulkanische Böden geben den Rotweinen der Ortenau (auf Granitgneis) und dem Weißherbst vom Kaiserstuhl ihr Feuer, Schieferböden den Weinen von Mosel und Saar ihr lebhaftes Spiel. Besonders in Franken kann man den Boden herausschmecken: vorwiegend Verwitterungsböden vom Buntsandstein im Bereich „Mainviereck“, Muschelkalk im Bereich „Maindreieck“ und Keuper am Steigerwald.

***Die Rebsorte.*** Von Boden und Klima (wobei das Kleinklima zu berücksichtigen ist) hängt ab, welche Rebsorten mit Erfolg angepflanzt werden können. Die Rebsorte bestimmt am stärksten die Geschmacksnuancen eines Weins. Bei einer Rebsorte mit individueller Note (betonte Säure, betontes Bukett) setzt sich die rebsortentypische Eigenart auch unter abweichenden Boden- und Klimaverhältnissen stets durch, bei Rebsorten mit mehr neutralem Weingeschmack sind die Eigenarten von Herkunft und Klima mehr zu schmecken. Die Rebsorte und das typische Geschmacksbild ihrer Weine ist vor allem in solchen Gebieten von großer Bedeutung, in denen Weine vorwiegend sortenrein und mit eindeutiger Sortenangabe auf dem Markt erscheinen. Das ist in den deutschen Weinlanden der Fall.
Die klimatischen und geologischen Gegebenheiten machen es dem deutschen Weinbau möglich eine in anderen Weinbauländern kaum denkbare Fülle gebiets-, sorten- und jahrgangstypischer Weine zu produzieren, zur immer währenden Freude der Freunde deutscher Weine. Sie sollten diese Chance nutzen.

## Welche Bedeutung hat der Jahrgang für den Wein?

Der Jahrgang in Form von Sonnenstunden, Feuchtigkeit und Winterruhe beeinflusst maßgeblich die Traubenqualität und damit den Weintyp. Pauschale Bewertungen der Weinqualität einzelner Jahrgänge sind mit Vorsicht zu betrachten. Man kann wohl die Erntemengen eines jeden Jahres und die Anteile der Güteklassen an der Gesamtproduktion einigermaßen genau ermitteln. Auf die Weinqualität im Einzelnen aber haben viele Faktoren ei-

nen Einfluss, die kaum statistisch zu erfassen sind. Es ist ein verbreiteter Irrtum, dass eine kleine Weinernte höhere Gütestufen verheißt.
Als Beispiel seien hier Erntemengen aus den Jahren 1987 bis 1995 in der Bundesrepublik Deutschland aufgeführt und die Anteile der Güteklassen an der gesamten Weinproduktion dieser Jahre:

| | 1987 | 1989 | 1991 | 1993 | 1995 |
|---|---|---|---|---|---|
| *Ernte* | | | | | |
| Most (in Mio. Hektolitern) | 8,9 | 13,2 | 10,2 | 9,8 | 8,5 |
| *Güteklassen* (in Prozent) | | | | | |
| Tafelwein (inklusive Landwein) | 4,0 | 0,6 | 2,5 | 0,3 | 1,6 |
| Qualitätswein b.A. | 82,0 | 51,5 | 73,5 | 33,6 | 74,3 |
| Qualitätswein mit Prädikat | 14,0 | 47,9 | 24,0 | 66,1 | 24,1 |

Von Anbaugebiet zu Anbaugebiet wie von Betrieb zu Betrieb sind die Zahlen natürlich immer unterschiedlich, doch ergibt sich aus der Übersicht eine allgemeine Tendenz. Trotz gleich bleibend guter Bewirtschaftung des Reblandes und ohne dass in diesen Jahren tierische oder pilzliche Feinde den Reben oder Trauben ins Gewicht fallende Schäden zugefügt haben, sind die Jahrgangsunterschiede groß. Ausschlaggebend ist der Witterungsverlauf.
Die charaktervollsten Weine bringen Jahre, in denen genug Sonne sowie Regen, günstig verteilt, in einem optimalen Verhältnis zueinander stehen, das alles bei einem Ertrag von nicht mehr als etwa 80 Hektolitern/Hektar.

## Ist die Säure des Weins von Bedeutung für seine Qualität?

Seit einer Reihe von Jahren beobachten wir bei der Besichtigung von Weinbaubetrieben und Weinkellereien in Mittel- und Süditalien sowie Spanien, wie sehr man dort bemüht ist mit gezielten Maßnahmen den geringen Säureanteil der Moste und Weine zu erhalten oder zu erhöhen, den dort die Natur infolge der intensiven Spätsommersonne den Trauben mitgibt. Dabei ist man bestrebt den in diesen Regionen gesetzlich erlaubten Zusatz künstlicher Weinsäure (der in nördlichen Anbaugebieten, also auch bei uns, verboten ist) so gering wie möglich zu halten.

In Sizilien sahen wir, dass man dort die Trauben versuchsweise an höheren Drahtrahmen, also weiter vom Boden entfernt als bisher, wachsen lässt um damit ein behutsameres Ausreifen der Trauben zu erreichen. Wir erfuhren, dass man die Trauben früher als bisher erntet, was natürlich im Hinblick auf die Reife seine Grenzen hat. Wir besichtigten große moderne Kellereieinrichtungen (die in Italien aus EU-Mitteln gefördert waren), mit deren Hilfe man bei gezügelten Temperaturen eine langsamere Vergärung und damit eine Erhaltung der zum harmonischen Geschmacksbild des Weins notwendigen Säure erreicht.
In qualitätsbewussten Weinbaubetrieben Deutschlands wie seiner Nachbarstaaten ist es seit vielen Jahren kein Geheimnis, dass harmonische Säure eines der tragenden Elemente der Weinqualität ist. So sind mir seit meiner Jugend Betriebe bekannt, die den Erntezeitpunkt säurearmer Rebsorten wie des Traminers mindestens ebenso sehr nach den Säuregraden wie nach den Mostgewichten festlegen. „Ein guter Wein soll eine Bremse haben", sagt man und meint damit die Weinsäure.
Da frische, fruchtige Weine heute mehr und mehr gefragt sind, ergeben sich für Weine aus deutschen Anbaugebieten geradezu ideale Voraussetzungen.

## *Gibt es große Unterschiede in der Verbreitung der einzelnen Rebsorten zwischen den deutschen Weinbaugebieten?*

Ja, es gibt beträchtliche Unterschiede, die sich in erster Linie aus abweichenden Boden- und Klimaverhältnissen erklären. Nicht jede Rebsorte ist für jeden Boden und für jedes Klima geeignet. Dabei gibt es solche, die ganz bestimmte Ansprüche stellen und im wahrsten Sinne des Wortes „sauer" reagieren, wenn diese nicht erfüllt sind, zum Beispiel der Riesling, und andere, die sich besser den Gegebenheiten anpassen, wie der Müller-Thurgau (dem man dann nachsagt, dass er Vater der meisten „Allerweltsweine" ohne ausgeprägten Charakter wäre).
Der Riesling, den deutsche Winzer Königin der Weißweinreben nennen und dem man den Vorzug gibt, sobald die Bedingungen einen erfolgreichen Anbau dieser Rebsorte zulassen, stellt besonders hohe Ansprüche an die Lagen und Böden, weshalb ich ihn hier in den Mittelpunkt einer Betrach-

tung stelle, die Ihnen zeigen soll, wie Ihnen mit jeder Flasche gebietstypischen und rebsortentypischen Weins ein Stück Natur auf den Tisch gestellt wird. Er bevorzugt nach Süden, Südwesten oder Südosten geneigte geschützte Hanglagen mit Gesteinsverwitterungsböden, wobei die Art der Böden auf die Geschmacksausprägung der Weine von erheblichem Einfluss ist.
Im Rheingau kommen Rieslingweine von Taunusquarzit- und Schieferverwitterungsböden mit zum Teil hohen Lehmauflagen, am Mittelrhein wie an Mosel, Saar und Ruwer von Schiefer- und Grauwackenverwitterung, an der Hessischen Bergstraße von Granitverwitterung mit Sand- und Lösslehmauflagen. Um die Palette der naturbedingten Einflüsse abzurunden: In Württemberg kommen beachtliche Rieslingweine von Keuperverwitterung, an der Nahe hauptsächlich von Porphyr-, Melaphyr- und in zweiter Linie auch Tonschieferverwitterung und in der Rheinpfalz vor allem von den kalk- und lehmreichen Hängen der Haardt. In Baden gedeiht Riesling auf den Urgesteins-(Granit- und Gneis-)Verwitterungsböden der Schwarzwaldhänge, in Rheinhessen bevorzugt auf den Sandsteinen des Rotliegenden um Nierstein, aber auch auf den Kalkmergeln von Oppenheim bis Alsheim. In Franken kommt er vom Urgestein um Alzenau, den sonnigen Muschelkalkhängen um Würzburg und vom Gipskeuper sowie den Blasensandsteinen bei Iphofen. Während ich diese Herkunftsgebiete vorzüglicher Weine aufzähle, werden in mir freundliche Durst- und Genussgefühle geweckt. Wahrscheinlich ergeht es dem geschätzten Leser ähnlich.
Ich wollte hier den Riesling, der mehr als 20 Prozent der deutschen Rebfläche einnimmt, keineswegs einseitig herausstellen. Andere Rebsorten ergeben nicht weniger interessante und gute Weine. Das ist weitgehend Geschmacksache und gelegentlich auch die Sache des Geldbeutels.
Dazu kommt, dass bei weniger anspruchsvollen Rebsorten wie Müller-Thurgau/Rivaner und Silvaner die Streuung über die deutschen Weinbaugebiete wesentlich größer ist als beim Riesling, dass also die gebietstypischen Geschmackseindrücke entsprechend vielfältiger ausfallen müssen.
Wir sind manchen Weinen aus unseren bewährten Rebsorten, vor allem dem Riesling, in heißen Klimazonen begegnet und haben sie in ihren Weinen von ungeeigneten Standorten nicht wieder erkannt.

## Ist ein trockener Wein besser und mehr wert als ein lieblicher?

Geschmacksrichtungen, wie das Weingesetz die Bezeichnungen trocken, halbtrocken und lieblich nennt, sagen nichts über die Qualität eines Weins aus. Es gibt hervorragende trockene und ausgezeichnete liebliche Weine, aber auch trockene von schlechter Qualität und beklagenswert süße. Ob ein Weinfreund trockene, halbtrockene oder liebliche Weine vorzieht, ist die Sache seines ganz persönlichen Geschmacks.
Die Unterscheidung ist, grob umrissen, folgende:
– In einem trockenen Wein schmecken Sie keine Süße, dagegen stellen Sie in einem halbtrockenen Wein eine leichte, geringfügige Süße fest.
– In lieblichen Weinen tritt die Süße etwas stärker hervor. Das darf bei guten Weinen aber nicht so weit gehen, dass die Süße einseitig den Geschmack prägt (pappig sagt der Fachmann dazu) und es stimmt keineswegs, dass eine betonte Süße typisch für deutsche Weine sei.
Vielleicht fragen Sie jetzt – verehrte Leser – was denn ein „herber" Wein sei. Diesen Begriff gibt es im Weinrecht nicht, häufig aber im Alltag unserer Gaststätten. Er ist da bei den Gästen meist sehr beliebt. Und der Auslegung dieser „Geschmacksrichtung" werden nur durch den Gastwirt und indirekt durch seine Gäste Grenzen gesetzt. Die Maßstäbe können in einer ländlichen Gaststätte ganz andere sein als in einem Hotel in der Stadt; den Begriff gibt es aber überall. Der Gastwirt kennt seine Kunden und ihre geheimen Wünsche. Wer einen „trockenen" Wein verlangt, will meistens keinen knochenharten, aber natürlich auch keinen süßen Wein. Er bekommt einen „herben" und ist's zufrieden. Das ist dann ein herzhafter honoriger Wein mit einer leichten, verhaltenen Süße. Der Gast lobt den Wirt und seinen Weinkeller, besonders aber seinen „Herben".

## Versteht man bei Wein und Sekt unter „trocken" dasselbe?

Ja und nein, denn in jedem Falle hat ein als trocken oder halbtrocken eingestuftes Getränk weniger Restzuckergehalt als ein mildes, liebliches oder süßes. Da es beim Sekt neben dem trockenen aber noch den extra trockenen (extra dry) und den ganz trockenen (brut) und extra brut gibt, ist beim

Sekt der trockene beinahe als eine mittlere Geschmacksrichtung anzusprechen.
Wer trockenen Sekt bevorzugt, braucht deshalb nicht unbedingt ein Liebhaber trockener Weine zu sein. In der Praxis sieht es mit dem Restzuckergehalt von Sekt und Wein wie in der Tabelle dargestellt aus.
Bei einem Geschmacksvergleich ist der hohe Kohlensäureanteil des Sektes zu bedenken, der den Eindruck der Süße mindert.

| Sekt | Wein |
|---|---|
| extra brut und brut (0 bis 15 g)*<br>extra dry (12 bis 20 g)<br>trocken (17 bis 35 g)<br>halbtrocken (33 bis 50 g)<br>mild (mehr als 50 g) | trocken (0 bis 9 g)<br>halbtrocken (bis 18 g)<br>ohne Angabe einer Geschmacksrichtung oder lieblich:<br>Qualitätswein b.A. und<br>Kabinett (18 bis 35 g)<br>Spätlese (25 bis 40 g)<br>Auslese (40 bis 65 g) |

* In Klammern Angabe von Restzuckergehalt in Gramm/Liter.

## *Bedeutet es eine Qualitätsgarantie, wenn auf dem Etikett eines deutschen Weins die Nummer der „Amtlichen Weinprüfung" angegeben ist?*

Ich habe viele Jahre als Weinprüfer mitgewirkt und war mir dabei immer bewusst, dass die in Deutschland für alle Qualitätsweine obligatorische Prüfung sowohl für die Konsumenten als auch für die Erzeuger von großem Wert ist. Ja, sie ist, wenn auch nicht unbedingt eine Qualitätsgarantie, so aber doch eine Garantie für die Fehlerfreiheit der amtlich geprüften Weine. Es gibt zwei interessante Entwicklungen, die meine Auffassung bestätigen: Im Bordeauxgebiet hat man für bestimmte Weine („Bordeaux" und „Bordeaux Supérieure") eine der deutschen „Amtlichen Weinprüfung" ähnliche obligatorische Prüfung eingeführt und ebenfalls in der Toskana eine solche Prüfung aller Weine, die als Chianti zur obersten Güteklasse gehören.

Gemäß dem deutschen Weinrecht hat, beginnend mit dem Jahrgang 1971, jeder unserer Weine aus den Gruppen Qualitätswein bestimmter Anbaugebiete (Q.b.A.) und Qualitätswein mit Prädikat – also mehr als 90 Prozent der gesamten bundesdeutschen Weinerzeugung – eine Reihe von amtlichen Prüfungen zu durchlaufen und bekommt eine amtliche Prüfnummer, ehe er in den Verkehr gebracht werden darf. Wichtiger Bestandteil dieser nach meiner Ansicht vorbildlichen gesetzlichen Regelung ist, dass jeder einzelne Qualitätswein durch eine Kommission neutraler Fachleute geschmacklich geprüft wird. Ohne Zweifel hat in Deutschland die amtliche Qualitätsweinprüfung, die durch Kontrollen während der Traubenernte ergänzt wird, inzwischen bewiesen, dass sie erheblich zu einer Anhebung des Gesamtniveaus deutscher Qualitätsweine beigetragen hat.

Die in das Weinetikett eingedruckte amtliche Prüfnummer bescheinigt dem Käufer, dass der betreffende Wein die amtliche Prüfung durch neutrale Fachleute bestanden hat und dass er bestimmte Mindestanforderungen erfüllt. Das heißt, dass er fehlerfrei ist und dass er die typischen Merkmale des Weinbaugebiets, der Rebsorte und des Jahrgangs aufweist. Mehr nicht, aber auch nicht weniger. Der amtlich geprüfte Wein entspricht also dem, was nach den Angaben auf dem Etikett erwartet werden darf.

Sofern nicht alle Voraussetzungen für Qualitätsweine erfüllt werden, können fehlerfreie Weine, deren Restzuckergehalt unter 18 g/l liegt, als Landweine vermarktet werden. Diese Zurückstufung bedeutet für den Erzeuger in jedem Falle eine Erlösminderung.

## Sind Weine mit Weinsiegel, Gütezeichen oder Prämierungsstreifen von überdurchschnittlicher Qualität?

Ja. Im Normalfall sind sie das. Diese Auszeichnungen erleichtern Ihnen das Auffinden guter Weine insbesondere dann, wenn es an fachlicher Beratung mangelt. Jedoch nicht alle Spitzenweine tragen Auszeichnungen, ein Umkehrschluss kann deshalb in die Irre führen.

Auch für den, der sich noch wenig mit Wein befasst hat und von den Besonderheiten der Weinbaugebiete, der Lagen, Rebsorten und Güteklassen kaum etwas weiß, aber gebiets- und rebsortentypische gute Weine genießen und auch vor seinen Gästen damit bestehen will, können solche Siegel und Prämierungsstreifen auf den Weinflaschen eine wertvolle Hilfe sein. Alle Auszeichnungen, die da vermerkt sind, haben „amtliche" Natur.

Das Weingesetz verbietet die Abbildung obskurer Medaillen, die wir hin und wieder auf ausländischen Weinflaschen noch sehen. Allerdings hat sich in Deutschland die Unsitte eingeschlichen, selbstverständliche Angaben wie „Qualitätswein mit Prädikat" oder Ähnliches auf Streifen zu drucken, die dann den Eindruck von Besonderem, nämlich Prämierungsstreifen, erwecken. Also: lesen!

Alle Auszeichnungen, die für bundesdeutsche Weine vergeben werden, setzen voraus, dass die Weine die amtliche Qualitätsweinprüfung mit Erfolg bestanden haben, und bescheinigen, dass sie höheren Ansprüchen genügen (beim Deutschen Weinsiegel eine um 20 Prozent über der Mindestqualitätszahl liegende Bewertung). Deutsche Weine können an einer Reihe von Prüfungen teilnehmen:

– *Deutsches Weinsiegel* rot, grün (halbtrocken) und gelb (trocken), seit 1950 eine bundesweit verliehene Auszeichnung der Deutschen Landwirtschafts-Gesellschaft, Frankfurt;
– *Gütezeichen für badischen Qualitätswein* weiß und gelb (trocken), seit 1949 als Auszeichnung für badische Weine vom Badischen Weinbauverband verliehen;
– *Gütezeichen Franken* weiß und gelb (trocken), seit 1981 als Auszeichnung für fränkische Weine vom Fränkischen Weinbauverband verliehen;
– *Landes- und Gebietsprämierungen* (zum Beispiel Baden, Württemberg, Franken, Rheingau, Rheinland-Pfalz) und *DLG-Bundesweinprämierung*, seit 1951, mit Prämierungsstreifen Bronzener DLG-Preis, Silberner DLG-Preis und Großer DLG-Preis (gold), Großer Preis Extra.

Die Beteiligung an solchen Prüfungen ist – im Gegensatz zur amtlichen Qualitätsweinprüfung – *freiwillig*. Diese zusätzlichen Weinprüfungen werden von Kommissionen vorgenommen, die aus berufenen neutralen und unabhängigen Weinfachleuten bestehen. Die Beteiligung der Weinerzeuger ist rege, weil viele Weinkunden die Siegel und Streifen als zuverlässige Einkaufshilfe schätzen. Etwa 10 Prozent der Weine werden rot (lieblich), grün (halbtrocken) oder gelb (trocken) gesiegelt. Dabei handelt es sich meist um Weine der unteren Preisklassen zum täglichen Weingenuss.

Ein Hinweis ist hier notwendig: Die Betriebe melden – schon aus Kostengründen – nicht alle ihre Weine zu zusätzlichen freiwilligen Prüfungen an. Sie beteiligen sich in der Regel mit einigen Weinen, mit denen sie die Möglichkeit haben die Leistungsfähigkeit des eigenen Betriebes mit anderen zu vergleichen. Die Preisträgerverzeichnisse der verschiedenen Prämierungen vermitteln damit sowohl Weinerzeugern als auch Weinkäufern wertvolle Einblicke in die qualitätsorientierte Weinerzeugung. (Das Wein- und Preisträgerverzeichnis ist über die Deutsche Landwirtschaftsgesellschaft [DLG], Eschborner Landstraße 122, 60489 Frankfurt am Main, oder über das Deutsche Weininstitut, Werbemittelservice, Rampenstraße 14, 55252 Mainz, zu beziehen.)
Trotz all dieser Vorteile gibt es eine ganze Reihe von Betrieben, die sich an der einen oder anderen Art dieses Wettbewerbs nicht beteiligen oder gar auf Siegel, Gütezeichen und Prämierungsstreifen verzichten, obwohl ihre Weine sicher gut platziert würden. Da mag gelegentlich die Unzufriedenheit mit Prämierungsergebnissen eine Rolle spielen, oft aber auch die Ansicht, der Name bürge für Qualität und habe weitere Bestätigung nicht nötig.

## *Gibt es auch spezielle Weinprämierungen für deutsche Weinraritäten?*

Die DLG-Raritätentrophy erfasst Weine, die vor zehn Jahren und mehr in der DLG-Bundesweinprämierung beurteilt wurden und nun nach wie vor zum deutschen Weinadel gehören.
Zu der erstmals 1990 von der Deutschen Landwirtschaftsgesellschaft (DLG) veranstalteten Weinraritätenprämierung haben spontan 105 Weinerzeuger 211 deutsche Weine angestellt, darunter 94 Weißweine. 79 Prozent der Weine gehörten den Qualitätsstufen Auslesen, Beerenauslesen und Trockenbeerenauslesen an.
An Rebsorten war der Riesling mit 41 Prozent Anteil am stärksten vertreten, die Scheurebe folgte mit 18 Prozent und der Silvaner mit 16 Prozent Anteil.
Weinfreunde beachten darüber hinaus die Spätlese Trophy, das Rotwein- und Barrique Forum und den Riesling- und Rotweinpreis.

## *Warum erscheinen Analysewerte noch relativ selten in den Weinangeboten, obwohl doch Angaben über den Alkoholgehalt, die Restsüße und die Säure für aufgeschlossene Weinfreunde wichtige Hinweise wären?*

Manchem ist es eine Beruhigung, wenn er den Eindruck, den er bei der sensorischen Probe eines Weins aufnimmt, durch Zahlen bestätigt sieht. Alle Weinfreunde und auch die Leute vom Fach sind vorrangig daran interessiert, dass ein Wein gut schmeckt und die Erwartungen erfüllt, die das Etikett verspricht. Wir allesamt möchten uns durch gute Weine in einen *Zustand aufgeheiterter Vernunft* (eine herrliche Formulierung von Ulrich von Pufendorf) versetzen lassen, in den ein nüchternes Zahlenwerk eigentlich nicht passt. Selbst gestandene Weinfachleute kommen im Allgemeinen ohne Zahlen aus, obwohl das Gehirn derer eine Menge gespeichert hat, die sich bei Weingenuss oft automatisch einfinden. Wir sollten aber die gestellte Frage nicht belächeln. Seit dem Erlass des deutschen Weingesetzes 1971 gehören Analysewerte im Weinfach zum täglichen Handwerkszeug, allein schon deshalb, weil sie neben der sensorischen Probe als gleichgewichtiger Bestandteil der mit diesem Gesetz geschaffenen amtlichen Qualitätsweinprüfung gelten. Inzwischen hat jeder Weinerzeuger für jeden seiner Weine die wichtigsten Analysenwerte greifbar. Es gibt auch zunehmend Vermarkter, die sie genau oder ungefähr nennen können.
Mit dem erfreulich wachsenden Sachverstand der Weinkunden findet man Angaben über Restsüße und Säure zunehmend in Wein-Angebotslisten; im Ausland habe ich sie noch nicht angetroffen. Diese beiden Analysenwerte sind eigentlich die wichtigsten, denn sie vermögen, wenn Herkunft, Rebsorte, Jahrgang und Güteklasse eines Weins bekannt sind, die Geschmacksvorstellungen erfahrener Weinfreunde vortrefflich zu ergänzen. Aber es geht, wie gesagt, auch ohne Analysewerte – auch in Zukunft.
Bei vielen Auslandsweinen finden Sie seit Jahren auf dem Etikett die Angabe des Alkoholgehalts. Seit dem 1. Mai 1988 ist diese Angabe auch für deutsche Weine in Volumenprozenten (Vol.-%) vorgeschrieben.
Übrigens sind im Preisträgerverzeichnis der DLG-Bundesweinprämierung 1990 erstmalig von jedem prämierten Wein die für den Kenner wichtigsten Analysedaten angegeben.

## Gibt es Ökoweine?

Nein, nur Weine aus ökologischem Weinbau. Wir wollen nicht nur gesünder essen, wir wollen auch gesünder trinken. Dazu gehört unter anderem auch, dass man uns „reinen Wein" einschenkt. Aber Meldungen, die von erschreckend hohem Chemikalienverbrauch im Weinbau berichten, von Erosion des Mutterbodens und des Nitrateintrags durch den Weinbau, haben die Weinwirtschaft in den letzten Jahren in argen Misskredit gebracht.
Und eines ist in unserer Zeit ein Thema geworden: Nicht nur das Produkt als solches muss sich seine Gunst beim Publikum erwerben – es muss auch humane und ökologisch sinnvolle Produktionsbedingungen nachweisen können. Da der Verbraucher kein Sinnesorgan besitzt, das ihm sagt, welche Lebens- oder Genussmittel für ihn schädlich sind, will er wissen, was sie beinhalten und wie sie hergestellt wurden – kurz, wie es mit ihrer Umweltfreundlichkeit steht. Zum Glück besitzt der Mensch Beobachtungsgabe, verfügt über Messmethoden und Lernfähigkeit. So wurden gesetzliche Richtlinien für den Anbau und die Kontrolle im ökologischen Weinbau definiert und werden streng überwacht.
Zu den Richtlinien: Die Düngung erfolgt durch organische Dünger (Mist, Kompost, Ernterückstände) oder mineralische Ausgleichdünger, die nicht wasserlöslich sind. Die Höhe der Nährstoffgaben mit diesen Düngern ist streng reglementiert.
Der Pflanzenschutz (Pflanzenpflege) baut auf Prophylaxe auf. Und zwar nicht, was die direkte Behandlung angeht, sondern die Gegenmaßnahmen zur Selbstregulierung des Ökosystems Weinberg und die Gesunderhaltung der Rebe durch sich selbst. Alle pflanzenbaulichen Maßnahmen, wie Begrünung, Gründüngung, die maßvolle Düngung mit schwer wasserlöslichen Düngern, die Beachtung der wert- und gesundheitsbestimmenden Standortfaktoren sowie geeignete Sorten- und Erziehungswahl – sie alle ordnen sich den Regelmechanismen der Natur unter. Diese stellen sich automatisch ein und versuchen das Ökosystem ins Gleichgewicht zu bringen. Bei extrem ungünstigen Faktoren, die eine Pilzkrankheit wie Mehltau oder Falscher Mehltau ermöglichen, werden Pflanzenpflegemittel (Kräuter, Mineralien), Elementarschwefel oder Mildkupfer angewendet. Die Kellerwirtschaft verzichtet auf synthetische und vertraut auf natürliche, aber bewährte Mit-

tel, mit denen ein qualitätsorientierter Weinbaubetrieb auch jederzeit auskommt. Die Blauschönung ist strikt verboten. So ist der ökologische Weinbau zweierlei: Investition in die Zukunft unserer Kinder und Schutz unserer Generation vor den uns direkt bedrohenden Auswüchsen intensiver Rebkultur.
In den letzten Jahren hat der ernst gemeinte ökologische Weinbau auf dem Papier Konkurrenz bekommen: Diese nennt sich integrierter Weinbau und bedeutet lediglich, dass Schadschwellen im Pflanzenschutz beachtet werden müssen und die Düngung nach Bodenproben beziehungsweise nach Entzug erfolgen darf. Diese Vorgaben bedeuten nichts anderes als vorschriftsmäßigen Weinbau, wie ihn das allgemein gültige Pflanzenschutzgesetz fordert. Alles andere ist nicht sachgerecht und damit verboten. Man hat also nur die rechtlichen Grundlagen des Weinbaus hervorgehoben und diese ökologisch genannt.

## Verstehen Männer mehr von Wein als Frauen?

Wo Frauen beruflich mit Wein zu tun haben, stehen sie in der Regel den Männern in keiner Weise nach. Viele Frauen leiten nicht weniger gut als Männer Weinbau- und Weinvermarktungsbetriebe und Frauen mit guter Zunge und klarem Urteil wirken so gut wie Männer bei Weinprüfungen mit. Es gibt erfreulicherweise auch zunehmend Paare (vor allem junger Leute), die den Einkauf für den privaten Weinkeller gemeinsam besorgen. Mir macht es immer wieder Spaß Paare beim Proben und Beurteilen von Weinen zu beobachten und ihnen – wenn es unauffällig möglich ist – zuzuhören. Es wird hier durchweg sehr ruhig, sachlich und im Sinne der Gleichberechtigung diskutiert und nach Abwägung der beiderseitigen Argumente eingekauft. So kommen gute Kaufentscheidungen zustande, die sich zu Hause beim Genuss der Weine allein oder mit Gästen positiv auswirken.
Mehr und mehr unternehmen auch Paare dank der Nähe und Schönheit unserer Weinbaugebiete Reisen zu Winzern und Weingütern um dort – oft in einem schönen Weinkeller – die gewünschten Weine in Ruhe und in verständigem Gespräch mit dem Weinerzeuger auszuwählen und einen Abend im Winzerdorf zu verbringen.

# Lagerung und Haltbarkeit

*Lohnt sich ein eigener Weinvorrat, wo man doch in den meisten Lebensmittelläden ein breites Weinangebot findet?*

Ja, er lohnt sich, und zwar in mehrfacher Hinsicht.
1. Fast jeder Wein hat seinen durch Jahrgang, Rebsorte und Herkunft, durch Witterungsablauf, Bodenverhältnisse, Lesezeitpunkt und Bearbeitungsmethoden geprägten „Charakter". Er ist einmalig und ein Nachkauf aus derselben Abfüllung ist oft nicht möglich. Wenn Sie also auf einen Wein stoßen, der Ihnen besonders zusagt, empfiehlt es sich eine angemessene (an Verbrauch und voraussichtlicher Lebensdauer des Weins sich orientierende) Menge einzulagern.
2. Einzelflaschen haben ihre Probleme. Schmeckt Ihnen der Wein, dann ist es ärgerlich nur dieses eine unwiederholbare Vergnügen gehabt zu haben. Schmeckt er Ihnen nicht, so bleibt Ihre Neugier unbefriedigt, ob sich eben dieser Wein bei längerer Lagerung noch zum Guten entwickelt hätte. Im Ernst: Es ist eins der köstlichsten Vergnügen erfahrener Weintrinker von Zeit zu Zeit zu erproben, wie sich ein Wein langsam zur vollen Reife entwickelt. Dazu ist es allerdings notwendig solche Weine in entsprechenden Quantitäten einzulagern.
3. Sie werden mit Befriedigung vergleichen, dass Ihr Wein immer kostbarer wird – wenn er überhaupt noch zu bekommen ist. Gut lagerfähige Weine können in wenigen Jahren das angelegte Kapital verdoppeln und verdreifachen. Die Lektüre von Auktionsberichten ist für Besitzer solcher Schätze ein ungeteiltes Vergnügen. Bei Weinen für alle Tage, die man normalerweise nicht über Jahre in Vorrat hält, orientiert sich der Kenner an der Menge und der Qualität des jeweiligen Jahrgangs. Er kann damit in Zeiten vorübergehenden Preiseinbruchs manche Mark sparen.
Schließlich räume ich dem Weingenuss für die Zukunft eine größer werdende Bedeutung ein und damit auch dem wohl überlegt sortierten Wein-

vorrat, denn gemeinsames Weintrinken ist eine der liebenswertesten Formen der kultivierten Geselligkeit, die in unserer hoch technisierten, aber kommunikationsarmen Welt so notwendig ist.

## *Kann man in einer modernen Wohnung ohne kühlen Keller überhaupt Wein lagern? Ist dabei die Temperatur wichtig? Müssen die Flaschen liegend aufbewahrt werden?*

Die günstigste Lagertemperatur (Kellertemperatur) liegt bei 10 bis 12 Grad Celsius. Das entspricht auch der Temperatur, mit der wir die meisten Weiß- und Roseeweine ohne umständliche Prozeduren auf den Tisch bringen können. Wenn Sie diese Temperatur Ihrem Wein nicht bieten können, wird er es Ihnen nicht übel nehmen. Sie müssen aber damit rechnen, dass sich sein Reifungs- und Alterungsprozess schneller als normal vollzieht. Schlechter dagegen bekommen ihm starke Temperaturschwankungen. Um sie zu vermeiden sollten Sie den Winkel Ihrer Wohnung als Weinlager wählen, in dem bei guter Belüftung eine einigermaßen konstante Temperatur gegeben ist, sei es unter der Treppe oder im meist nach Norden gelegenen Schlafzimmer unter dem Bett wie auf dem Schrank. Die ideale Lösung ist ein Weinkühlschrank. Hilfreich kann auch die Verwendung wärmedämmender Materialien zur Auskleidung von Vorratsschränken und Lagerräumen sein um Temperaturstürze zu mildern.

Weine mit Korkenverschluss sollen stets liegend aufbewahrt werden, damit der Wein den Korken umspült, dieser feucht gehalten wird und den Flaschenmund zuverlässig abschließt. Ausgetrocknete Korken schrumpfen (nach vier bis sechs Monaten können Sie das deutlich sehen), schließen schlecht und ermöglichen den Zutritt des schädlichen Luftsauerstoffs.

Durch den Verschluss inhaliert der Wein Gerüche aus seiner Umgebung. Daraus können auffällige, für den Wein untypische Geschmacksstörungen entstehen. Lagern Sie ihn also an einem gut belüfteten Ort ohne Fremdgerüche.

Wein soll dunkel lagern, denn Licht löst unliebsame vorzeitige Alterserscheinungen aus. Lässt sich das Licht nicht aussperren, dann sollten Sie den Wein im geschlossenen Karton aufheben.

Trotzdem ist die Reifung und Lagerung Ihres Weins in solch einem improvisierten Lager viel schwerer zu übersehen als in einem eigens dafür angelegten Weinkeller. Die Frage den Wein zu einem optimalen Zeitpunkt zu konsumieren – und damit optimalen Genuss zu haben – erhält eine zentrale Bedeutung. Optimaler Weingenuss, wie Sie ihn anstreben, heißt ja den Wein nicht zu früh, also nicht voll ausgereift, aber auch nicht kurz vor seinem endgültigen Ende, wenn sein Genuss kein Genuss mehr ist, zu entkorken. Da hilft nur ständige Beobachtung, also Verkostung in nicht zu großen Abständen. Überalterter Wein im Glas ist nicht Schuld eines unvollkommenen Lagers, sondern eines unaufmerksamen Lagerhalters.

## Wie lange hält sich Wein? Welche Weine haben eine besonders hohe Lebenserwartung?

Eine Gegenfrage, lieber Leser: Wie lange halten Sie sich denn? Wissen Sie es? Wohl kaum. Eine präzise Antwort auf eine solche Frage ist also nicht möglich, weder Sie noch den Wein betreffend. Wein lebt und ist damit den Gesetzen von Geburt, Jugend, Reife, Alterung und Tod genauso unterworfen wie wir. Die Lebenszeit – also Haltbarkeit eines Weines – hängt von seiner Gesundheit ab. Und die wird neben der Restsüße im Wesentlichen von drei Faktoren bestimmt:

1. Fruchtsäure. Je säurereicher ein Wein ist, desto weniger günstig sind die Lebensbedingungen für die in ihm enthaltene Mikroflora, desto haltbarer ist er also. In der Praxis: Weine mit Säurewerten von 7 bis 9 Promille (typische Rieslinggewächse) sind erfahrungsgemäß robust und entsprechend lagerfähig. Säurearme Weine, zum Beispiel aus der Rebsorte Müller-Thurgau, reifen schneller und haben eine erheblich geringere Lebenserwartung.
2. Alkohol. Er wirkt Bakterien tötend und trägt dadurch zur Gesunderhaltung des Weins bei. Weine mit weniger als 9 Prozent (international spricht man von Graden oder Volumenprozenten) Alkohol „stehen wackelig auf den Beinen", 10 bis 12 Prozent sollte ein Wein schon haben, den man für längere Zeit einlagern will.
3. Freie schweflige Säure. Ohne sie verdürbe der Wein infolge Oxidation. Sie unterdrückt auch geschmacklich sehr unerwünschte Gärungsprodukte.

Die Frage der Haltbarkeit eines Weins wird auch immer eine Frage des Geschmacks sein, denn die jugendlichen Aromen eines Weins lassen sich natürlicherweise nicht konservieren. Ihre kontinuierliche Alterung beginnt mit dem Zeitpunkt der Flaschenfüllung. Unser Bestreben muss es sein, den Wein nicht erst dann zu trinken, wenn er seinen Wohlgeschmack bereits weitgehend verloren hat. Die Frage muss lauten, wann er auf seinem geschmacklichen Höhepunkt, im Stadium der Vollreife, optimalen Genuss verspricht. Aus eigener Erfahrung, mit aller Skepsis, mit Vorbehalt und Unbehagen – wissend um die Vergänglichkeit der Dinge – gebe ich hier einige Orientierungspunkte:

| Lagerungsfähigkeit | | |
|---|---|---|
| Qualitätsweine | mit geringer Säure<br>säurebetont | 1 bis 3 Jahre<br>2 Jahre und mehr |
| Kabinettweine | wegen des geringeren Alkoholgehalts<br>säurebetont (Riesling) | 1 bis 2 Jahre<br><br>2 Jahre und mehr |
| Spätlesen, Auslesen | Riesling* | 3 bis 5 Jahre, auch weit mehr |
| Beerenauslesen und Trockenbeerenauslesen | wegen der hohen Extraktwerte, vornehmlich Restzucker | 10 bis 20 Jahre und mehr |
| maximales Alter für Weißwein<br>maximales Alter für Rotwein<br>Zeitspanne bis zur Ungenießbarkeit | | 30 bis 35 Jahre<br>40 bis 50 Jahre<br>40 bis 100 Jahre und mehr |

* Von allen Weißweinen der Welt dürfte der Riesling durch seine reichliche Fruchtsäure die höchste Lebenserwartung haben.

Fazit: Wein ist ein lagerfähiges Gut, das keinesfalls vom baldigen Verderb bedroht wird. Doch unterliegt der Wein physikalischen, chemischen und biologischen Gesetzen, die ihn ständig dem Stadium der Reife und dem darauf folgenden Abbau näher bringen. Je nach Weinart verläuft diese Entwicklung unterschiedlich schnell. Sie zu beobachten ist die reizvolle Aufgabe aller Weinfreunde.

## *Wie lange kann man eine angebrochene Flasche Wein aufbewahren?*

Es kommt in erster Linie darauf an, wie viel noch in der Flasche ist. Als Erfahrungswert gilt – kühle Lagerung vorausgesetzt:

| | |
|---|---|
| 75 Prozent Inhalt | 3 bis 5 Tage |
| 50 Prozent Inhalt | 2 bis 3 Tage |
| weniger Inhalt | 1 Tag |

Auf jeden Fall müssen Sie die Flasche gut verkorken, denn bei der Berührung des Weines mit Luftsauerstoff verflüchtigt sich die wertvolle, bisher im Wein gebundene Kohlensäure samt einiger Aromastoffe. Der Wein verliert in Bukett und Geschmack seine Frische. Außerdem bewirkt der Luftsauerstoff eine gravierende Oxidation, der Wein bekommt einen Alterston (Firne), der sich bis zu einem in diesem Falle negativ zu bewertenden „Sherryton" verstärken kann. Wie rasch dieser Oxidationsprozess vonstatten geht, hängt von der Menge der Luft in der Flasche ab. Die oben genannten Zeiträume verstehen sich für einen Weißwein bis zur Gütestufe Auslese. Beeren- und Trockenbeerenauslesen und auch Rotwein, der von einer maßvollen Oxidation profitiert, können länger in geöffneten Flaschen aufgehoben werden. Man rechnet mit dem Doppelten der oben angegebenen Zeitspannen.

## *Ist Rotwein länger haltbar als Weißwein?*

Ja – allerdings müssen Sie beim Vergleich von denselben Güteklassen ausgehen. Rotwein altert in der Regel langsamer als Weißwein, was besagt, dass er nicht nur länger haltbar ist, sondern auch einen längeren Ausbau erfordert, also später zur Trinkreife gelangt. Das liegt in erster Linie daran, dass

der Gerbstoff (Tannin) bei den Rotweinen eine gewichtige Rolle spielt. Rote Trauben enthalten – vorwiegend in der Beerenhaut und in den Kernen – viel Gerbstoffe, wesentlich mehr als weiße Rebsorten. Diese Gerbstoffe werden durch die spezielle Art der Rotweinbereitung, wobei die Traubenmaische (Saft, Kerne und Schalen) vergärt, aus den Beerenhäuten und Kernen extrahiert und gelangen so in den Wein. Die bitteren Gerbstoffe machen manchen Rotwein zunächst etwas „eckig", bauen sich aber im Laufe der Zeit ab – womit wir beim Geheimnis der großen „Roten", zum Beispiel der aus dem Bordelais, sind, die zunächst gar nicht munden wollen.
Ein weiterer Grund für die größere Haltbarkeit des Rotweins ist sein durchweg höherer Gehalt an Alkohol. Doch: Ein leichter Rotwein – wie die deutschen zum größten Teil sind – wird immer früher „am Ende" sein als die alkoholreichen, auch eher als ein gehaltvoller, körperreicher Weißwein.

## Sind edelsüße Weine haltbarer als trockene?

Die Haltbarkeit eines Weins wird durch seine „Gesundheit" bestimmt; sie beruht auf den natürlichen, im Lesegut schlummernden Anlagen und der kellerwirtschaftlichen Behandlung.
Weine mit einem extrem hohen Zuckergehalt haben eine besonders lange Lebensdauer. Das sind die wuchtigen Auslesen, Beerenauslesen und Trockenbeerenauslesen, die in der Regel 150 bis 250 Gramm Zucker pro Liter haben, der nicht wie sonst üblich in Alkohol umgesetzt wurde. Denn in Mosten mit mehr als 100 Grad Öchsle sind die Bedingungen für die Arbeit der Hefepilze schlecht. Die alkoholische Gärung findet nur in geringem Umfang statt, der verbleibende natürliche Restzuckergehalt ist hoch und trägt entscheidend zu einem langen Leben des Weins bei.

## Sind alte Weine immer besser als junge, frische Weine?

Ältere Weine präsentieren sich in voller Reife und geschmacklicher Harmonie. Sie haben ihren geschmacklichen Höhepunkt erreicht. Dafür ist der Weinkenner auch bereit ein paar Mark mehr anzulegen. Dass der Winzer

den Wein Jahr um Jahr lagerte und sein Kapital festlegte, muss sich in einem höheren Preis niederschlagen.
Junge Weine bestechen durch quirlige Lebendigkeit, reizvolles Bukett und anregende herzerfrischende Säure. Das ist heute anders als zu Großvaters Zeiten, als junger Wein nicht zu empfehlen war und jeder Tropfen durch längeren Reifungsprozess seine Ecken und Kanten verlieren, Säure und Gerbstoffe abbauen musste. „Alter Wein und junge Weiber sind die besten Zeitvertreiber", eine damals viel zitierte Weisheit, stimmt heute nicht mehr.

## Was tun, wenn sich in einer Weinflasche an Korken oder Flaschenboden Kristalle abgesetzt haben?

Diese Kristalle werden „Weinstein" genannt. Obwohl sie so aussehen, handelt es sich keineswegs um Zucker (eine Geschmacksprobe kann Sie überzeugen), sondern um eine Ehe zwischen Weinsäure und Kalium oder Kalzium, die gerne geschlossen wird. Und Weinsäure ist ein Gütezeichen hoch reifer Trauben, denn mit zunehmender Reife steigt der Anteil der Weinsäure deutlich an. Die Ehe, die Verbindung der Ehepartner Weinsäure und Kalium, wird hauptsächlich durch zwei Faktoren ausgelöst.

- Reifungsvorgänge. Deshalb sollten alle wertvollen Auslesen, Beerenauslesen und Trockenbeerenauslesen unbedingt Weinstein bei Flaschenreife haben.
- Temperaturschwankungen und Kälteeinwirkung. So kann es passieren, dass ein Wein, der im Kühlschrank oder in der Kühltruhe heruntergekühlt wird, plötzlich Weinstein enthält.

Wenn beim Gastgeber Panik ob des Auftretens von Weinstein ausbricht, dann liegt das also nicht am Wein, sondern an der ungenügenden Aufklärung, die dem Verbraucher von Erzeuger und Vermarkter zuteil wird.

## Welches Verschlusssystem ist das beste für Weinflaschen?

Für Weine gehobener Qualität ist der traditionelle Korken nach wie vor zu empfehlen. Für Weine, die frisch getrunken werden sollen, reicht ein modernes Verschlusssystem voll aus. Es bieten sich gegenwärtig folgende Möglichkeiten an:

– Naturkorken, – Drehverschluss,
– Presskorken, – Kronenkorken.

Wesentlich für die Haltbarkeit des Weins ist, ob der Verschluss luftdurchlässig ist, also – wie der Fachmann sagt – ein „Gasaustausch" stattfindet. Die höchste Dichte gewährleistet der Drehverschluss, dann folgen die durch waagerechte Flaschenlagerung feuchten Korken und zum Schluss der Kronenkorken.

Ideal ist der Verschluss, der im Einzelfall dem Wein am besten dient. Dort, wo ein geringer kontrollierter Luftaustausch (Diffusion) erwünscht ist, da der Wein erst durch ihn seine optimale Reife erreicht, hat der atmungsaktive Kork seine Vorteile. Ist jedoch eine Reifung des Weins in der Flasche nicht beabsichtigt, weil er seine frische Jugendlichkeit so lange wie möglich bewahren und in diesem Zustand getrunken werden soll, dann ist der kaum luftdurchlässige Drehverschluss bestens geeignet. Das trifft durchweg auf Tafelweine und Landweine zu. Die werden zum Teil auch in Verbundverpackungen vertrieben. Diese Verpackungen gehören, wenn auch der Wein den Bedürfnissen ausreicht, nicht auf den Tisch. Man sollte ihn in eine Karaffe umfüllen.

## Hat die Farbe der Flasche Einfluss auf die Haltbarkeit des Weins?

Ja, denn Wein sollte bei längerer Lagerung vor Licht geschützt werden. Tageslicht fördert bei fast allen organischen Stoffen zunächst den Prozess der Reifung und dann den des allmählichen Zerfalls. Deshalb stützt man die „Stabilität" des Weins durch ein als Lichtsperre eingefärbtes Flaschenglas und darüber hinaus durch Lagerung an einem dunklen Ort.

Grünes Glas wird dort verwendet, wo weniger Lichtschutz gebraucht wird. Das trifft zu bei einfachen Weinen, die zum baldigen Verbrauch bestimmt sind (zum Beispiel Weine in Literflaschen), aber auch für Weine, die wegen ihres hohen, deutlich schmeckbaren Säureanteils kaum biologisch abbauen, zum Beispiel Rieslingweine aus dem Anbaugebiet Mosel-Saar-Ruwer mit

einem Säureanteil von sieben bis neun Gramm pro Liter. Wo man aber auf hohen Lichtschutz angewiesen ist, und das ist in fast allen anderen Weinbauregionen der Fall, wird die braun eingefärbte Flasche verwendet.
Hin und wieder wird auch Wein in farblosen Flaschen verkauft. Das ist meist Roseewein, weil man dessen appetitliche Farbe als verkaufsförderndes Moment schätzt. Solche Flaschen sollten dunkel im Karton gelagert werden.
Flaschenfarben sind eine Frage der Tradition. An ihnen wird sich wohl auch in der Zukunft nichts ändern.

## *Wie erklärt sich die Bildung von unansehnlichen Belägen auf dem Korken? Schaden sie dem Wein?*

Es entsteht kein Schaden, wenn Sie die Belagreste am Flaschenhals vor dem Einschenken abwischen. Für den Wein schädlich ist der unansehnliche graue Belag auf dem Korken nicht, denn er kann sich nicht durch den Korken ins Flascheninnere verbreiten.
Der Korken, der aus der Rinde der Korkeiche geschnitten wurde, ist eine organische, ehedem lebendige Substanz. Das nun tote Zellgewebe ist nach wie vor atmungsaktiv und gestattet einen „Gasaustausch" zwischen dem Flascheninnern und der Umwelt, also ein Verdunsten des Weins durch den Korken, das wir nach Möglichkeit verhindern wollen. Darauf beruht der Rat Flaschen liegend aufzubewahren, damit der Wein den Korken berührt, das Zellgewebe durchdringt und den Luftaustausch herabsetzt.
Es liegt nun in der Natur der Sache, dass die Feuchtigkeit, die den Korken durchzieht, auf seiner Oberseite heraustreten kann. Allmählich siedeln sich dort Mikroorganismen an, die einen „Schmand" oder Pilzrasen oder beides zusammen bilden. Besonders gut gedeiht solch ein Kleinstleben unter der Kapsel, die das Austrocknen des Korkspiegels hemmen soll.

# Weinprobe – Weinansprache

## Wie probiert und bewertet man Wein?

Sehr einfach, Wein wird auf der ganzen Welt auf Farbe, Klarheit, Bukett (Geruch) und Geschmack geprüft. Die Technik der Prüfung ist für jeden nachvollziehbar.

Am besten nehmen Sie ein weingerechtes, möglichst dünnwandiges Stängelglas mit apfelförmigem Kelch und füllen es bis zu seiner größten Ausbuchtung mit Wein (es wird dann zu etwas mehr als der Hälfte gefüllt sein).

Die Reihenfolge der Grundprüfungen ist überall gleich und so auch Ihnen empfohlen. Prüfen Sie den Wein auf Farbe, Klarheit, Geruch (Bukett) und Geschmack.

Die ersten beiden Prüfungen gelten der Frage, ob die Farbe des Weins typisch ist für Herkunft, Rebsorte, Güteklasse und ob die Klarheit ohne Fehl ist, blank oder blitzblank, wie es in der Fachsprache heißt. Danach geht es an die eigentliche Bewertung.

Vor der nun folgenden Prüfung des Buketts schwenken Sie das Glas leicht im Kreis, damit auch *alle* Bukettstoffe „ans Licht" kommen, das heißt Ihre Nase erreichen. Das Bukett (oder professionell ausgedrückt das Geruchsbild) muss für den Wein typisch sein, der Fachmann sagt „sortentypisch".

Die Geschmacksprüfung selbst erfolgt mit leicht gesenktem Haupt. Der Wein wird leicht schlürfend eingesogen und mehrmals von vorn nach hinten bewegt um die Geschmacksnerven durch die entstehenden Wirbel (Turbulenzen) wachzurütteln, zu aktivieren, sensibilisieren. Das Ergebnis dieser Schlürftechnik (die in Österreich „beißen" genannt wird) ist eine erstaunlich verbesserte Geschmackswahrnehmung, zumal bei jeder Geschmacksprobe die Nase mitwirkt.

Beim Abgang achten Sie bitte auf die Nachhaltigkeit des Weins, in Frankreich Persistance genannt. Gemeint ist damit das Echo, der Nachhall – weithin bekannt unter der nicht allen sympathischen Bezeichnung „Schwänz-

chen". Das Urteil entsteht am Ende der Probe aus der Differenz zwischen der Erwartung, die das Etikett ausgelöst hat, und dem tatsächlich ermittelten Geruchs- und Geschmacksbild.
Dazu nehmen Sie am besten einen Zettel und markieren darauf vier Spalten. Übertragen Sie zunächst alle wichtigen Angaben vom Etikett (wie Herkunft, Jahrgang, Güteklasse, Rebsorte) in die erste Spalte Ihrer Tabelle. Dann notieren Sie aufgrund Ihres Weinwissens in der Spalte 2, wie der Wein nach den Angaben auf dem Etikett sein müsste = Soll-Vorstellung. Nun probieren Sie den Wein und notieren sein tatsächliches Geschmacksbild. Darauf vergleichen Sie Soll und Ist:

| Etikettangaben | Weingeschmack | | |
|---|---|---|---|
| | Soll | Ist | Differenz |
| *Jahrgang* 96er | jung, frisch, spritzig | jung, frisch | keine – |
| *Weinbaugebiet* Mosel-Saar-Ruwer | leicht, feinfruchtig, mineralreich | feine Frucht, dezenter Schieferton | keine + |
| *Rebsorte* Riesling | herzhaft, rassig, nachhaltig | rassig, nachhaltig | – |
| *Güteklasse* Kabinett | nicht alkoholbetont (anregend, nicht beschwerend) | leicht, anregend | keine |
| *Geschmacksangabe* halbtrocken | sehr dezente Süße, harmonisches Säure-Süße-Verhältnis | harmonisch, mit kaum wahrnehmbarer Süße | keine |

Je mehr die Spalten „Soll" und „Ist" am Ende deckungsgleich sind, desto größer wird Ihre Befriedigung sein. Das heißt aber noch lange nicht, dass der so als typisch und gut befundene Wein nun auch Ihrem Geschmack entsprechen muss.

Die Weinprüfung und -bewertung hat das Ziel das Wesen eines Weins zu ermitteln. Ob der Wein Ihnen zusagt oder nicht, ist eine andere Frage und es wäre ungerecht Ihren persönlichen Geschmack bei der Weinbewertung anzulegen nach dem Motto „gut ist, was mir schmeckt". Seien Sie so objektiv, wie es Ihnen überhaupt möglich ist, bis zur Selbstverleugnung, und sagen Sie ruhig einmal: ein jahrgangstypischer Moselriesling, herzhaft, mit pikanter Säure, aber er schmeckt mir persönlich – ehrlich gesagt – nicht.

## *Können erfahrene Weinkenner Jahrgang, Lage, Rebsorte und Güteklasse eines Weins herausschmecken?*

Ähnlich dem „Jägerlatein" gibt es auch ein „Weinlatein". Hierzu zählen die regenbogenfarbenen Sagen von berühmten Weinschmeckern mit unfehlbarer Zunge. Ein ausgebildeter Weintester mit besten Anlagen vermag viel. Für den Laien Erstaunliches. Aber auch er wird es kaum weiterbringen können als die Rebsorte (Beispiel: Silvaner ist weitgehend geschmacksneutral, Sorten mit typischem Bukett wie Gewürztraminer und Morio-Muskat erkennt auch der Laie) oder den Jahrgang (da ist es meist schon Glücksache, sich zwischen Jahrgängen ähnlicher Art zu entscheiden) oder die Weinregion mit einiger Sicherheit zu bestimmen. Auch einen Kellerton, wenn er außergewöhnlich und eigenwillig ist. Mehr geht nicht in der unendlichen Kombinationsmöglichkeit der Lagen, Rebsorten und Jahrgänge, oft verwischt durch die „Handschrift" des Kellermeisters. Die Fähigkeit bestimmte Merkmale beim Wein herauszuschmecken erwirbt man nur durch die Praxis. Die Summe der verkosteten Weine und der damit gespeicherten Eindrücke machen den versierten Weinschmecker aus. Ein besonderes Schmeckvermögen gehört dazu, denn mancher lernt's nie oder besonders schwer.

## *Warum soll ein Wein nach dem Kauf erst „ruhen", bevor er getrunken wird?*

Mit der Flaschenreife erzielt jeder Wein ein Maximum an Ausgewogenheit von Fruchtsäure, Alkohol und – wenn vorhanden – Restsüße, kurz und zusammenfassend Harmonie genannt. Durch Rütteln und Schütteln – also auf dem Transport – wird der Wein in dieser Harmonie gestört. Er wirkt dann geschmacklich unvollkommen, ist nicht in Bestform, schlecht gelaunt, was nichts anderes heißt als: Das Ganze passt mir nicht, lasst mich in Ruhe! Diese Griesgrämigkeit äußert sich in einem vorübergehend mäßigen Geschmacksbild. Erst Ruhe bringt den nervösen, gereizten Patienten Wein wieder in Ordnung. Eine kurze Erholungspause von ein bis zwei Tagen reicht gewöhnlich. Der Wein ist wieder wohl gestimmt und schmeckt. Gibt es da nicht verblüffende Parallelen zu uns Menschen?

## Was bedeutet bei einem Wein „trocken" oder „halbtrocken"?

Als „trocken" wird in der Umgangssprache ein Wein „ohne schmeckbare Süße" bezeichnet. „Trocken" ist ein fest umrissener Begriff aus dem geltenden Weinrecht. Er besagt, dass so bezeichnete Weine maximal 9 Gramm Zucker pro Liter enthalten dürfen, wobei der Zuckergehalt die Gesamtsäure um nicht mehr als 2 Gramm übersteigen darf. Ein trockener Wein mit 6 Gramm Säure pro Liter darf also höchstens 6 + 2 = 8 Gramm Zucker pro Liter enthalten. Trockene Weine erhalten die gelbe Ausführung des deutschen Weinsiegels.
Die Wortschöpfung „trocken" – kurioserweise angewendet auf Flüssigkeiten – kommt vermutlich von dem Sinneseindruck, den derartig durchgegorene Weine vermitteln. Die Mundhöhle wirkt rau, trocken, die Fruchtsäure und der Alkohol wirken herausfordernd mit dem Bedürfnis nach mehr. Neben „trocken" gibt es als weitere konkrete Geschmacksbezeichnung „halbtrocken". So wird ein Wein mit dezenter, unauffälliger Süße bezeichnet. Die gesetzliche Begrenzung des Restzuckers liegt bei 18 Gramm pro Liter (der Zuckergehalt darf den Säuregehalt höchstens um 10 Gramm pro Liter übertreffen; halbtrockener Wein darf also bei 6 Gramm Säure nur 6 + 10 = 16 Gramm Zucker pro Liter enthalten), halbtrockene Weine signalisiert die grüne Form des deutschen Weinsiegels.
Es ist mit Recht zu bezweifeln, ob „trocken" die ideale Bezeichnung für einen Wein ohne schmeckbare Süße ist, doch hat sich dieser Begriff einmal eingeführt.

## Wie soll ein Weinglas aussehen?

Jede Epoche hat ihre Gläser hervorgebracht, als Zeugnisse von besonderem Stilempfinden und Handwerksverständnis. Herrliche Sammlungen lassen den Formen- und Farbenreichtum von Gläsern vergangener Zeiten wieder aufleben. Die Anforderung „weingerecht" blieb dabei manchmal unerfüllt.

| | |
|---|---|
| Weißwein | Er soll im Kelch farblos sein; langstielig, kleiner Weinraum (Cuppa genannt), apfelförmig, sich in jedem Fall nach oben verjüngender Kelch. Die Glasstärke dem Gehalt des Weins angepasst:<br>– dünnwandige Gläser für leichte Weine,<br>– geschliffene, robuste Gläser, auch Prunkgläser, für schwere, gehaltvolle Weine. |
| Rotwein | kurzstielig, kugelig, bauchig; großer, sich nach oben verengender Weinraum (ähnlich dem Cognacschwenker oder der Bierkugel), dünnwandig. |
| Schoppenwein | Schoppenglas (Mainzer Stange), Henkelglas (Württemberg) oder Römer in verschiedenen Farbschattierungen:<br>– rotbraun Rhein,<br>– grün Mosel,<br>– oliv Franken und Baden. |

Wir stellen an ein „weingerechtes" Glas die Bedingung, dass es farblos und nicht geschliffen oder sonst irgendwie am Kelch verziert sein soll, da sonst Farbe und Klarheit des Weins nur schwer beurteilt werden können.

## Wann soll man die Weinflaschen für eine Probe öffnen?

Es gibt Freunde und Feinde des Weins. Erstaunlich, der Sauerstoff ist beides zugleich. Er ist unentbehrlich für die Reifung des Weins, für die Haltbarkeit ist er ein Feind, bei der Weinprobe Freund und Gönner.
Auf jeden Fall lässt man dem Wein vor der Probe etwas Zeit durchzuatmen, sich nach dem Transport zu beruhigen. Empfindliche Weine brauchen

etwas Zeit sich von dem Herausziehen des Korkens zu erholen und wirken erst dann harmonisch.
Rotwein sagt man nach, er brauche einen gewissen Kontakt mit dem Luftsauerstoff um erst dann sein Bukett voll zu entfalten.
Trinkt man gemütlich eine Flasche und geht das, weil die Zahl der Zecher klein ist, über einen längeren Zeitraum, so sollte man diese mit einem Korken (hier eignen sich Zierkorken) verschlossen halten.

| Öffnen Sie die Weine vor der Probe: | |
|---|---|
| Tisch- und Hauswein | unmittelbar vor dem Genuss |
| Weißwein gehobener Qualitäten | etwa 10 Minuten vorher |
| junge Rotweine | etwa 10 Minuten vorher |
| schwere, reife Rotweine | 30 bis 60 Minuten vorher |

## *Kann man vom Zustand des Korkens auf die Qualität des Weins schließen?*

Ziehen Sie beim Öffnen einer Weinflasche behutsam den Korken aus der Flasche und riechen Sie ein wenig daran (ihn beschnüffeln sagt der Fachmann). Durchtränkte Weinigkeit des Korks und farblose Kristalle auf seiner Oberfläche lassen die Erwartungen an den Wein höher steigen. Der Geruch des Korkens sagt nichts über den Wert des Weins aus, lässt weder Rückschlüsse auf Güteklasse noch auf Rebsorte zu. Das „Abriechen" des Korkens ist eine Vorsichtsmaßnahme. Es stellt die Güte des Korkens fest. Nicht einwandfreie Korken sind am muffigen Geruch auszumachen. Vermutlich hat auch der Wein von diesen Unbilden etwas abbekommen.
Weisen Sie Wein mit Korkgeschmack auf jeden Fall zurück. Sei es im Restaurant, sei es im Laden oder beim Winzer gekaufter Wein. Jeder Verkäufer wird Ihnen eine solche Flasche ohne Umstände umtauschen.
Leider wird der Kork zunehmend durch andere Verschlusssysteme ersetzt. Nach dem Öffnen mit schief gehaltenem Kopf nachdenklich an einem Kunststoffpfropfen oder an einem metallenen Drehverschluss zu schnüffeln ist sinnlos. So kommt zumindest der, der Weine mit modernen Verschlusssystemen kauft, um einen Teil des schönen Weinrituals.

## Welche Ausschanktemperaturen sind für die verschiedenen Weinarten optimal? Welche Kühlsysteme sind zu empfehlen?

Alkohol, Fruchtsäure und Restsüße erzeugen bei unterschiedlichen Temperaturen auch unterschiedliche Geschmackseindrücke. Es hängt also auch von der Trinktemperatur ab, ob der Wein einen guten Eindruck macht.
Für die verschiedenen Weinarten haben sich bestimmte Temperaturbereiche als ideal erwiesen, weil dann die Weine besonders harmonisch wirken:

| | |
|---|---|
| Rosee, Weißherbst | 7–10 Grad Celsius |
| Weißwein, leicht | 9–12 Grad Celsius |
| Weißwein, gehaltvoll | 10–12 Grad Celsius |
| Rotling, Schillerwein, Badisch Rotgold | 13–15 Grad Celsius |
| leichter, junger Rotwein | 14–16 Grad Celsius |
| schwerer, alter Rotwein | 16–20 Grad Celsius |

Am besten temperieren Sie die Weine so, dass die angegebenen Werte um etwa 2 Grad Celsius unterschritten werden. So ins Glas gegeben, behalten sie während der Probe die ideale Trinktemperatur, denn wärmer wird der Wein im Glas von selbst.
Zur rechten Temperierung des Weines sollten Ihnen fast alle Mittel recht sein, also auch der Kühlschrank. Doch servieren Sie nie Wein „on the rocks“, denn den Kontakt mit Eiswürfeln würde Ihnen der Wein sofort und gründlich verübeln. Er erleidet gewissermaßen einen Schock und reagiert mit Verlust von Bukett und Aroma, wird blass und ausdruckslos.
Zur Messung der Temperatur gibt es Thermometer (luxuriöse Ausführung Manschette mit Temperaturfühler).

## Was tun, wenn ein Wein perlt und auf der Zunge bitzelt? Gibt sich das bei längerer Lagerung oder soll man ihn einige Zeit offen stehen lassen?

Wahrscheinlich brauchen Sie nichts anderes zu tun, als nach dem Einschenken des Weins eine kleine Weile, etwa eine bis drei Minuten, zu warten. Dann löst sich die Schaumkrone und die Kohlensäure ist verflogen.

In aller Regel ist die im Wein enthaltene Kohlensäure (vom Fachmann Kohlendioxid, auch $CO_2$ genannt) ein Überbleibsel des Gärvorgangs. Ihre Anwesenheit ist kein Mangel, vielmehr sollte sie vom Weinfreund mit einem „Gott sei's gedankt" begrüßt werden. Die Kohlensäure erhält den Wein frisch, indem sie ihn „überschichtet". (Da der Kontakt mit Luftsauerstoff den Wein oxidieren lässt, ist die Luft, die in jeder Flasche zwangsläufig enthalten ist, ein unvermeidbares Ärgernis. Wird sie im Rahmen des „Gasaustauschs" aber durch $CO_2$ ersetzt, das aus dem Wein entweicht, so entfällt jeder auch noch so kleine Oxidationseffekt. Es liegt also statt des üblichen Luftgemischs Kohlensäure über dem Wein.) Das bedeutet Gesundheit, Stabilität und keine Probleme bei der Lagerung, also Aussicht auf hohes Alter. Wer den Mousseuxeffekt nicht liebt, lässt den Wein – siehe oben – einfach ein paar Minuten stehen.
Es gibt eine Tendenz den Wein mit etwas Kohlensäure zu füllen. Für den italienischen Lambrusco ist das ein typisches Kennzeichen. Die Weine schmecken „spritzig" frisch und sind lebhaft. Ich finde solchen Wein zuweilen amüsant und trinke ihn – zumal in der warmen Jahreszeit – gern. Eine Gefahr allerdings besteht darin, dass der Erfolg viele Nachahmer beflügelt und aus einer liebenswerten Abwechslung ein neuer Standard wird, denn: Es lebe die Vielfalt!
Das Bitzeln kann auch durch Nachgärung hervorgerufen werden. Dann riecht der Wein mostig, etwas nach Hefe, und ist mangelhaft.

## *Wie lernt man Weine treffend zu beschreiben?*

Systematisch probieren, probieren, probieren – mit einem Leitfaden der häufigsten Weinbegriffe, den ich Ihnen hier vorstelle.
So vielfältig wie die Weine sind auch die Ausdrücke, mit denen sie beschrieben werden. Der abgedruckte tabellarische Leitfaden soll Ihnen eine hilfreiche Orientierung geben den jeweils treffenden weinfachlichen Begriff zu finden. In vielen Seminaren und Weinkollegs habe ich dieses von mir entwickelte Hilfsmittel erprobt, mit dem Ergebnis, dass auch der Unkundige bald einen Wein sicher beschreiben konnte. In der Tabelle sind den vier Prüfelementen Klarheit, Farbe, Geruch (Bukett) und Geschmack die jeweils

dazugehörenden passenden positiven Ausdrücke zugeordnet, von links nach rechts entsprechend der Intensität gestaffelt. Zum Beispiel: leicht ... schwer. Bezeichnungen für Mängel oder Fehler des Weins sind in die Übersicht integriert.

Der Umgang mit der Tabelle (siehe Seite 70/71) ist denkbar einfach. Prüfen Sie den Wein nacheinander auf Klarheit, Farbe, Geruch (Bukett) und Geschmack, das letzte im Hinblick auf Restsüße, Fruchtsäure, Gehalt und Alter. Schauen Sie beim Schlürfen bereits auf die Tabelle und arbeiten Sie sich optisch wie geschmacklich an die jeweilige Stufe des Ausdrucks heran. Dazu sind in der Praxis oft mehrere kleine Schlückchen für jede der Fragestellungen notwendig, bis der Weinverstand, basierend auf vielen tausend verarbeiteten Sinneseindrücken, später fast automatisch arbeitet. Beschrieben wird dann der Wein, indem man den erhaltenen Sinneseindruck, also Geruch (Bukett), Aroma oder Gehalt, mit dem passenden Attribut verbindet. Also Prüfkriterium x Sinneseindruck = verständliche Beschreibung.

Hier zwei Beispiele, wie Sie Wein nun nicht mehr beschreiben sollten und wie Sie sich auch unter Fachleuten gut verständlich machen können:

| | |
|---|---|
| Unverständlich: | Der Wein ist kräftig. |
| Verständlich: | Der Wein ist im Gehalt kräftig (hat also viel Stoff). |
| Unverständlich: | Der Wein ist rassig. |
| Verständlich: | Der Wein hat eine betonte Fruchtsäure oder er hat eine rassige Säure. |

Die Weinansprache ist wie jede Sprache nichts Statisches. Viele alte Weinbegriffe kennt man heute nicht mehr oder man verwendet sie mit anderem Sinn. Die Weinansprache orientiert sich an dem veränderten Wein – wir kommen mehrmals in diesem Buch zu der Feststellung, dass Großvaters Wein der heutigen Generation kaum munden würde – und an dem veränderten Verbraucherverhalten zwischen lieblichen und trockenen „Wellen". Bei allem Wechsel aber bleibt die wertvollste Eigenschaft des Weins sein Charakter, seine Persönlichkeit (innere Ausgewogenheit vorausgesetzt) – die Ausgewogenheit zwischen Fruchtsäure und Alkohol und – wo vorhanden – Restsüße. Sie bedeutet das ewige Gesetz des Weins.

| Praktischer Leitfaden zur Weinbeschreibung nach H.-G. Dörr | | |
|---|---|---|
| *Prüfkriterien* | Weinvokabular | |
| | *positive Sinneseindrücke* | |
| | 1 | 2 |
| *Klarheit* | | |
| *Farbe*<br>– Weißwein<br><br>– Rotwein | <br>grün, gelblich-grün<br><br>blassrot | <br>hellgelb<br><br>rot |
| *Bukett*<br>(Blume, Geruch) | zart, dezent, feinduftig, verhalten, sortentypisch | duftig, blumig, sortentypisch |
| *Geschmack*<br>– Restsüße | <br>trocken, durchgegoren, herb | <br>halbtrocken, feinherb, dezent |
| – Fruchtsäure | mild, zart, unauffällig, verhalten | frisch, reinrassig |
| – Gehalt<br>Alkohol<br><br>Extrakt | <br>leicht<br><br>leicht | <br>mundig<br><br>herzhaft |
| – Aroma<br>(Würzstoffe) | neutral | zart, feinwürzig, feinfruchtig |
| – Alter | jung | frisch, spritzig |

| Praktischer Leitfaden zur Weinbeschreibung nach H.-G. Dörr | | |
|---|---|---|
| Weinvokabular | | |
| *gestuft nach Intensität* | | *negative Sinneseindrücke* |
| 3 | 4 | 5 |
| hell, blank | glanzhell, blitzblank | trüb, blind |
| gelb<br><br>rubinrot | goldgelb, bernstein-farben<br>dunkelrot | für Weiß- und Rotwein farblos, missfarbig, hochfarbig |
| ausdrucksvoll, ausgeprägt, bukettreich, sortentypisch | kräftig, duftend, intensiv, sortentypisch | ausdruckslos, aufdringlich, fremdartig, unsauber, rahn, firn |
| lieblich, süffig, deutlich | süß, edelsüß | pappigsüß, unharmonisch, Bonbonton |
| rassig, herzhaft, pikant, nervig | kernig, stahlig | unreif, fad, matt, spitz, hart, sauer, grasig, bissig |
| vollmundig<br><br>kräftig | gehaltvoll, schwer, wuchtig, feurig<br>ölig, stoffig, extraktreich, schwer | dünn, klein, brandig<br><br>leer, plump, ohne Körper |
| fruchtig, saftig, erdhaft | würzig, aromatisch, erdhaft | kurz, ohne Frucht, unsauber, fremdartig, parfümiert, aufdringlich |
| reif, entwickelt, ausgebaut | vollreif, edelfirn | leer, tot, matt, schal, passé, abgebaut, überaltert |

## Wie gestalte ich eine Weinprobe?

Eine Weinprobe beginnt mit einer Idee.

*1. Schritt: Die Zielsetzung.* Sie müssen sich zunächst darüber klar werden, was Sie mit der Probe erreichen wollen, worauf Sie besonderen Wert legen und was herausgearbeitet werden soll. Stellen Sie die Probe unter ein Thema. Das können beispielsweise Jahrgänge, Rebsorten, Gebiete, Weinarten, Güteklassen, Geschmacksrichtungen oder Reifestufen sein.

*2. Schritt: Die Auswahl der Weine.* Wählen Sie sehr sorgfältig und themengerecht aus und begrenzen Sie die Probe auf zehn bis zwölf Weine. Die Geschmacksnerven Ihrer Gäste stehen ein „Weinmarathon" nicht durch. Nach zehn bis zwölf Proben erlahmt die geschmackliche Wahrnehmung. Ist aus irgendeinem Grunde damit das Soll noch nicht erfüllt, muss eine Pause oder ein Kontrast zur Regeneration der Sensorik eingeschaltet werden.

*3. Schritt: Die Reihenfolge.* Eine Weinprobe steht und fällt mit der Reihenfolge der Proben. Die alte Hausregel lautet von einfachen zu gehaltvollen und kostbaren Weinen „aufzusteigen". Ich rate Ihnen aber als Auftakt eine „Fanfare" zu wählen. Also eine Auslese oder Beerenauslese, warum nicht auch einen Eiswein. Wie so oft im Leben hängt auch hier viel von einem gelungenen Auftakt ab. Geben Sie dazu Ihr Bestes. Als Wein danach, sozusagen als erster der eigentlichen Probe, empfiehlt sich ein feinherber Wein.
Bauen Sie in die Probe zwei Höhepunkte ein, mit dazugehörenden Steigerungsphasen. Das verschafft Aufmerksamkeit. Weißweine stehen besser vor Rotweinen als umgekehrt.
Weißherbste oder Schillerweine sind der ideale Übergang von Weiß zu Rot. Und: Haben Sie Mut zu Kontrasten. Nach einer Beerenauslese macht sich beispielsweise ein trockener Sekt ausgezeichnet.

*4. Schritt: Die Probengläser.* Verwenden Sie zur Weinprobe nur „weingerechte" farblose Gläser. Stellen Sie an jeden Platz zwei Probiergläser. Der Teilnehmer kann so „zurückprobieren" und dem Thema der Probe entsprechend besser vergleichen. Da immer zwei Weine gleichzeitig eingeschenkt und besprochen werden, ist die Probe lehrreicher und anschaulicher, zum Wohle der Teilnehmer auch konzentrierter und kürzer.

*5. Schritt: Ihr Redemanuskript.* Probieren Sie Ihre Weine vor der Probe alle durch und halten Sie deren Geschmacksmerkmale in Ihrer Probenliste fest. Dieses Vor-Verkosten sichert Ihnen zweierlei. Erstens können Sie rechtzeitig fehlerhafte Weine erkennen, aussondern und ersetzen. Zweitens ergeben Ihre Notizen zusammen mit den Angaben auf den Weinetiketten ein Gerüst für das, was Sie zu den Weinen sagen wollen. Das gibt dem Probenleiter Sicherheit.

*6. Schritt: Die begründete Weinbeurteilung.* Die Probenliste: Weinprobieren ist und bleibt letztlich subjektiv. Die objektive Weinbewertung kann es nur eingeschränkt geben. Demzufolge ist es spannend die Teilnehmer einer Weinverkostung zur Findung und Beschreibung des Weinprofils mit einzubeziehen. Schon allein der Unterschied in der Wahrnehmung bei den Geschlechtern verspricht bemerkenswerte Ergebnisse. Jeder ermittelt das Profil zunächst für sich. Im Anschluss jeder Weinbetrachtung moderiert der/die Probenleiter/in die Ergebnisse und man redet darüber.
Diese Art der Probenliste hilft allen Beteiligten, vor allem „Laien", Weine zu entdecken und zu verstehen – ganz im Sinne dieses Büchleins.

*7. Schritt: Das Drumherum.* Wichtig für eine Weinprobe ist ihr Rahmen. Ob in einer gemütlichen Gaststätte, im häuslichen Wohnzimmer oder im Weinkeller ... das Drumherum muss stimmen. Planen Sie es sorgfältig: Kerzen für die Prüfung der Klarheit, aber auch für die Atmosphäre; Ausschüttgefäße für Wein, den man nicht zu Ende trinken möchte; die Probenkarte mit Angabe der zu verkostenden Weine – möglichst originell gestaltet als Erinnerungsstück. Dazu Schreibmaterial zum Notieren der eigenen Sinneseindrücke. Kleinigkeiten zur Neutralisierung der Geschmacksnerven zwischen den Weinen, Schmalz als Aufstrich, Mett und Schinken (vor allem bei Rotwein) für den kleinen Appetit.

*8. Schritt: Der Ausklang.* Halten Sie für die Zeit nach der Probe (nach einer gelungenen Probe sitzt man gern noch zusammen und tauscht Eindrücke aus) zwei passable Weine in den Geschmacksrichtungen halbtrocken/trocken und lieblich bereit. So findet jeder seinen Nachtrunk. Und zu guter Letzt bieten Sie zum Abschluss des Abends ein Glas Pilsener an. Natürlich nicht als Muss, aber die Gäste werden in ihrer Mehrzahl diese Idee sicher begrüßen, denn Weintrinken erzeugt Durst, der nicht mit Wein, sondern in harmonischer und verträglicher Weise mit Bier gelöscht werden kann: „Bier auf Wein, das ist fein."

Beherzigen Sie die hier kurz zusammengefassten Ratschläge aus einer umfangreichen Probenpraxis. Eine Weinprobe sollte

– nicht länger als zwei Stunden dauern, lieber etwas kürzer;
– nicht mehr als zehn bis zwölf Weine umfassen;
– nicht zu ernst sein (Wein löst Stress, erzeugt eine heitere Grundstimmung und fördert die Kommunikation; man will sich unterhalten und Geplauder sollten Sie nicht als störend empfinden, sondern als Beweis ungezwungenen Wohlbehagens);
– informativ und kurzweilig sein, um Himmels willen nicht „bierernst" und hochtrabend belehrend;
– allen Beteiligten Spaß machen.

Nachdem die Weinprobe alter Prägung – nach Güteklassen gestuft – sich weitgehend abgenutzt hat, werden neue Formen entwickelt. Der Wandel vollzieht sich hin zum „Entertainment". Ich verstehe darunter, die Weinprobe so zu gestalten, dass sie für alle Beteiligten zum Erlebnis wird. Gesucht wird das lockere Gespräch beim Wein, das in unterhaltsamer Form Wissen und Erfahrungen vermittelt. Nur so wird es möglich sein den Wein in seiner Vielfalt breitesten Interessentenkreisen nahe zu bringen.

## *Wie neutralisiert man bei Weinproben die Geschmacksnerven beim Übergang von einem zum anderen Wein?*

Wir müssen zwei verschiedene Arten von Weinproben unterscheiden. Die eine ist das Probieren zum Zwecke der Bewertung, Prüfung, Erkennung, des Vergleichs – die andere ist Weintrinken in geselliger Runde der Freude halber. (Da kann man auch das Rauchen genehmigen.)

Beim Weintrinken sollten Sie sich ganz dem Genuss hingeben. Hauptsache, das *Weintrinken* macht Spaß. Jeder sollte sich ungezwungen so verhalten, wie es ihm beliebt.
Anders ist es bei einer *fachlichen Weinprobe.* Da steht der Wein im Mittelpunkt, jede Probe soll in ihrer individuellen Art voll aufgenommen werden und es ist alles fernzuhalten, was den Geschmackssinn beeinträchtigen, die Geschmacksnerven ablenken könnte. Dazu gehören in erster Linie aromatische Genüsse wie Käse, Zwiebelbrot, pikant gewürzte Wurst, aber auch das Rauchen und das Knabbern von Süßigkeiten. Käse und Wein – das heben wir uns für das Beisammensein nachher auf.
Neutralisiert im Sinne des Wortes werden bei solch einer Probe die Geschmacksnerven durch Backwaren wie Knäckebrot, Wasserwecken, Mischbrot und Ähnliches. Trocken! Ich empfehle in erster Linie Knäckebrot, denn es ist neutral, mürbe und körnig und trocknet sehr schnell und gründlich die Mundhöhle aus. Beim Übergang vom Weißwein zum Rotwein – oder umgekehrt – ist ein Schluck Mineralwasser zur Neutralisierung wirkungsvoll. Durch das Wasser wird das Weinglas gleich mit neutralisiert – ein angenehmer Nebeneffekt.
Für die Zukunft wollen wir uns wünschen, dass mehr Gastgeber bei *fachlichen Weinproben* die traditionellen, die Nase irritierenden Käsehappen durch neutrale Backwaren ersetzen.

## *Wie wird man ein versierter Weinkenner?*

Diese Frage stellte ich einem mir befreundeten Kellermeister um eine möglichst praxisnahe Antwort zu erhalten.
„Hans Georg, Weinkenner wirscht, wenn de viel probiere duhst, von Woi grundsätzlich was verschdehst. Gell." Das bedeutet viele Weinproben, unendlich viele Weinerlebnisse, vorurteilsfrei offen für alle Weine Interesse zeigen und aufgeschlossen sein. Konsequent nach einem System probieren, das Soll und Ist, den Schein und das Sein miteinander vergleichen. Über Wein Gedanken und Meinungen austauschen. „So werschde Woikenner, der geachtet is, und vielleicht auch einmal berufe bei de Deutsche Landwirtschaftsgesellschaft als ehrenamtlicher Weintester zu fungiere. Was Hö-

heres is wohl kaum vorstellbar. Hast de mich verstanne?“ Und ob ich ihn verstanden habe. Er hat recht, so wird man wirklich Weinkenner.
Ob allerdings ein einmal erworbenes Weinwissen für ein langes Leben ausreicht, das möchte ich infrage stellen. Nehmen wir als Beispiel nur einmal die in einige Weinpreislisten aufgenommenen Barriqueweine. Noch vor wenigen Jahren dachte man bei Barriques nur an qualitativ hoch stehende Weingüter in Frankreich. Und ohne an den Glaubensstreit „Holzfassausbau – ja oder nein“ rühren zu wollen stelle ich fest, dass ein Toast- oder Karamellton, der vor wenigen Jahren bei deutschen Weinprüfern zumindest Stirnrunzeln auslöste und als Mangel bezeichnet wurde, bei manchen Weinfreunden heute „in“ ist und gerade marktorientierte Winzer sich darauf einstellen, auch diese Geschmacksrichtung – man mag sie als Modeerscheinung bezeichnen – abzudecken. Gerade das fasziniert mich am Wein, dass er immer – Jahr für Jahr – neu ist, neue Fragen aufwirft und neue Geschmackserlebnisse schenkt. Ob in ein paar Jahren die Barriquefässer aus den Kellern der deutschen Winzer wieder verschwunden sind oder sich einen festen Platz erobert haben – wer weiß? Es lebe die Veränderung!

# Sachregister